Maquette : Émilie Guillemin
Illustrations : Séverine Aubry
– www.severineaubry-illustration.com
et Scarlatine – www.scarlatine.canalblog.com (p. 133-135)

17, rue du Regard
75006 Paris – France
ISBN : 979-10-285-0242-3
ISSN : 2425-4355

C'EST MALIN

GRAND FORMAT

VAINCRE LA DÉPRESSION ET LE BURN-OUT

LEDUC.S ÉDITIONS

SOMMAIRE

REMERCIEMENTS

Je tiens à remercier tout particulièrement le docteur Laetitia Paolaggi, pour la préface de ce livre et pour la confiance qu'elle m'accorde depuis plusieurs années, ainsi que le docteur Yi Dong, médecin généraliste à Paris, pour son aide, sa gentillesse, et son expertise. Je remercie également Charlotte Bentz, professeure de yoga à la Yoga Factory à Paris, Svetlana Bensimon, psychologue pour enfants et adolescents à Ajaccio, et Manu Daru, tatoueur chez Art Corpus, pour leur enthousiasme et pour leur participation à cet ouvrage.

Je remercie très chaleureusement Sirrana, Claire, Fabien, Marie-Elodie et Laurie pour leur aide amicale et pour leur regard.

Je remercie également ma maison d'édition pour sa confiance.

Enfin, je souhaite exprimer ma gratitude envers mes parents, Fabrice, Gabriel, Pierre, Thomas, Mathieu, mes tantes, mes grands-mères, Virginie et Marie-Pierre, pour leur affection, leur aide, leurs encouragements et leur indéfectible soutien.

NOTE DE L'AUTEURE

J'avertis mes lectrices et mes lecteurs que les témoignages et les exemples de cet ouvrage sont fictifs. Ils ont pour objet d'illustrer mes propos théoriques. Ils sont tirés de ma réflexion personnelle, et non de mes consultations en tant que psychologue. Je rappelle que, par ma profession, je suis tenue au secret professionnel et que les consultations sont confidentielles. Tous les conseils que je prodigue et les pistes de réflexion que je présente dans cet ouvrage ne sauraient remplacer une consultation chez un médecin.

PRÉFACE DU DR LAETITIA PAOLAGGI

La dépression est une affection fréquente, présente à tous les âges de la vie. Véritable maladie, elle n'a rien à voir avec une quelconque « faiblesse de caractère », elle peut frapper n'importe qui, de la personne la plus gaie à la plus discrète, de la plus énergique à la plus calme, de la plus sociable à la plus solitaire. Ses causes sont encore mal connues, mélange de prédisposition individuelle biologique parfois héréditaire, de parcours de vie la favorisant, et d'un évènement déclencheur : deuil, séparation et perte d'emploi en sont des exemples classiques, auxquels il faut désormais ajouter la souffrance au travail, tant celle-ci est souvent rapportée par les patients.

Si le diagnostic doit être porté par un médecin, il peut facilement être suspecté par la personne touchée ou son entourage. Des traitements efficaces existent, mais les écueils sont nombreux sur le chemin de la prise en charge – méconnaissance de la maladie ou de ses symptômes, honte de parler de ce qui est pris à tort pour une faiblesse ou un manque de volonté, impression erronée que les choses vont s'arranger d'elles-mêmes. Il faut donc lever le tabou social de la dépression, et en apprendre les manifestations et les traitements, afin de pouvoir réagir vite et bien lorsque celle-ci survient.

Le livre d'Amélia Lobbé est là pour répondre à ces objectifs. Il expose de façon claire et exhaustive les causes et manifestations de la dépression, mais également les traitements médicaux et toutes les autres mesures qui peuvent permettre au patient de se sentir mieux, et de ne pas rechuter une fois guéri. Alternant données théoriques et conseils pratiques, rédigé avec rigueur et délicatesse, il est un guide précieux pour ceux qui traversent la douloureuse épreuve de la dépression.

Dr Laetitia Paolaggi,
médecin généraliste, à Paris.

INTRODUCTION

Tout le monde peut être d'humeur morose de temps à autre. Mais, si cet état perdure et s'intensifie, si en permanence vous vous sentez triste, abattu, démotivé, épuisé, anxieux, émotif, si vous ne parvenez plus à dormir, à manger, à vous concentrer et si vous ruminez des idées négatives, vous faites peut-être partie des personnes touchées par la dépression. La dépression est une véritable maladie, qui agit comme un filtre modifiant votre perception et votre rapport aux autres.

Je sais que c'est une situation très difficile à vivre, mais heureusement, de nos jours la dépression se traite et se soigne : si vous êtes touché par celle-ci, je vous assure que vous pouvez vous en sortir.

Cet état de souffrance psychique peut survenir après un choc ou un événement difficile, face à des problèmes importants et qui vous semblent insolubles, à la suite d'une maladie ou d'une période de surmenage, ou même sans que vous ne sachiez pourquoi. Vous avez épuisé vos ressources, vous ne pouvez plus faire face et vous avez l'impression que tout votre organisme s'effondre.

La dépression est une maladie qui peut toucher n'importe qui, même une personne qui a un caractère fort, un entourage bienveillant et qui n'a pas d'antécédents familiaux de dépression. Si l'un de vos proches est atteint par la dépression, je sais que cela n'est pas facile à vivre, surtout si vous partagez sa vie. Vous voyez votre partenaire, votre enfant, votre père ou votre mère s'enfoncer dans la dépression, sans toujours savoir comment vous comporter et comment lui venir en aide. J'espère que mes conseils vous aideront à y voir plus clair et que vous pourrez ainsi l'aider à se reconstruire.

Dans cet ouvrage, je vais vous aider à surmonter la dépression et à prévenir les récidives. Tout d'abord, vous découvrirez cette maladie à travers toutes ses manifestations et vous parviendrez ainsi à la définir. Si vous parvenez à reconnaître et à identifier ce dont vous souffrez, sachez que vous effectuez vos premiers pas vers la guérison. Dans ce livre, vous trouverez également mes conseils pour sortir de ce cercle vicieux, avec ou sans médicaments. Ainsi, je vous propose de vous constituer une boîte à outils dans laquelle vous piocherez pour combattre la dépression au quotidien. J'espère vivement que ces conseils vous aideront à trouver un traitement adapté à votre situation et qu'ils vous accompagneront tout au long du chemin vers la sérénité.

UN POINT SUR

QUELQUES CHIFFRES

Selon les données de l'Institut national de prévention et d'éducation pour la santé (INPES), en France, en 2010, 7,5 % des personnes ayant entre 15 et 85 ans auraient vécu un épisode dépressif au cours de l'année. Les femmes seraient deux fois plus touchées que les hommes par la dépression. De plus, 3,4 % des enfants et 14 % des adolescents auraient été concernés. Ces chiffres ne concernent évidemment que les dépressions diagnostiquées. Le diagnostic est plus difficile à réaliser chez un enfant qui n'a pas toujours les mots pour exprimer ses difficultés, ainsi que chez les personnes qui ont des difficultés à exprimer leurs sentiments et leur ressenti.

Chapitre 1

Toutes les facettes de la dépression

QU'EST-CE QUE LA DÉPRESSION ?

Je vais tout d'abord vous aider à connaître et à comprendre la dépression. Cette étape est importante car vous pourrez ainsi analyser vos symptômes et vos ressentis. Vous souffrez principalement d'un effet de « décompensation » de votre organisme. Votre corps et votre esprit fonctionnent au ralenti. Vous êtes particulièrement démotivé, vous ressentez une tristesse importante et plutôt inhabituelle et votre moral est bas. Vous n'avez plus de goût à rien et vous êtes probablement devenu très émotif, ou alors vous vous déconnectez de vos émotions pour mieux vous en protéger et vous ne parvenez alors plus à ressentir et à pleurer.

Voyons maintenant quel mécanisme se produit pour qu'une dépression se déclenche. Votre corps fonctionne avec une réserve d'énergie journalière. Lorsque cette dernière s'épuise pour diverses raisons (manque de sommeil, surcharge de travail, problèmes personnels ou professionnels, stress à répétition, anxiété importante, choc psychologique, maladie ou évènement traumatisant), il ne reste plus assez d'énergie à votre organisme pour les activités de détente et de plaisir. Il redirige alors le peu d'énergie qui lui reste vers les activités jugées « vitales et obligatoires ». Un déséquilibre se crée dans votre système nerveux et des modifications chimiques se produisent. Ensuite, votre organisme décompense et la dépression apparaît.

LE MÉCANISME DE LA DÉPRESSION

Tous les mécanismes chimiques de la dépression ne sont pas connus, mais on sait qu'ils existent et qu'ils s'opèrent à l'insu de la personne qui souffre. On pense que la dépression serait due à une perturbation chimique dans le cerveau, notamment à la diminution du taux de sérotonine dans le système nerveux. Si vous êtes touché par cette maladie, sachez que cela ne signifie pas que vous avez « un caractère faible » ou que vous manquez de volonté. Vos fonctions physiques et intellectuelles ont été biologiquement impactées et votre humeur s'est altérée malgré vous. Cela n'est pas votre faute !

Cette maladie peut avoir des causes variées selon les individus. Certains ont un terrain génétique propice, d'autres vivent des situations qui les fragilisent, ou les deux. D'autres maladies peuvent également provoquer une dépression. En réalité, on a parfois du mal à distinguer une dépression endogène (une dépression dont la cause serait purement interne, donc génétique, hormonale ou provoquée par une maladie) d'une dépression exogène (une dépression dont la cause serait purement externe).

QUELS SONT LES SYMPTÔMES DE LA DÉPRESSION ?

Selon l'Organisation mondiale de la santé (OMS) et le Manuel diagnostique et statistique des troubles mentaux (DSM-5) de l'Association américaine de psychiatrie (APA), pour qu'une dépression vous soit précisément diagnostiquée, vous devez présenter au moins cinq symptômes parmi les neuf symptômes caractéristiques de la dépression. Vous devez aussi avoir ressenti l'un des deux premiers symptômes de la liste presque tous les jours depuis au moins 5 jours.

- D'humeur morose, vous êtes envahi par une tristesse quasi permanente et parfois vous pleurez. Vous pouvez aussi vous sentir anxieux et oppressé.
- Vous ressentez de l'anhédonie. En effet, vous n'avez plus de goût à rien, vous n'avez plus envie de rien, vous avez l'impression que ce que vous faites ne sert à rien et que tout vous indiffère. Vous n'avez plus envie d'effectuer vos activités quotidiennes, même celles que vous appréciez habituellement.
- Votre organisme et votre esprit fonctionnent au ralenti, vous vous épuisez rapidement et cela vous démotive. Vous avez l'impression que tout vous demande un effort considérable, comme si vous essayiez de courir dans une piscine dans laquelle vous n'avez pas pied.
- Vous avez du mal à fixer votre attention et à mémoriser, ce qui vous empêche de vous concentrer correctement sur votre travail, de lire un roman ou de faire vos mots fléchés, alors que ces activités étaient auparavant pour vous des moments de détente.
- Vous ressentez de l'asthénie, c'est-à-dire une fatigue excessive, souvent dès le matin. Vous vous sentez apathique quasiment en permanence. À cela s'ajoutent des troubles du sommeil, qui

ne vous aident évidemment pas à récupérer et qui renforcent votre fatigue.

- Vous n'avez probablement plus très faim, et vous vous sentez trop faible pour manger. Cela entraîne souvent une perte de poids importante. Vous avez ainsi l'impression de fondre et de « disparaître » physiquement.
- Au contraire, votre appétit peut aussi se décupler, sous l'effet de la fatigue et des modifications chimiques qui surviennent dans votre organisme et entraîner une prise de poids. Votre envie de manger peut également être d'ordre psychologique et émotionnelle : vous trouvez du réconfort dans la nourriture grasse, salée, sucrée et facile à préparer. Vous pouvez aussi avoir besoin de vous remplir et d'ériger un « petit coussin protecteur » entre vous et le monde extérieur.
- Les troubles du sommeil sont très fréquents dans la dépression. Vos insomnies et votre manque de sommeil provoquent un déséquilibre émotionnel et vous empêchent de penser correctement. Cela ne vous aide malheureusement pas à prendre du recul. À l'inverse, vous pouvez être sujet à l'hypersomnie et avoir envie de dormir tout le temps.
- Votre estime de soi est probablement impactée. Vous avez tendance à vous dévaloriser systématiquement et à culpabiliser de manière excessive ou inappropriée.
- Si vous avez des idées de suicide et si vous avez l'impression que la vie ne vaut pas la peine d'être vécue, vous ne devez pas prendre ceci à la légère. Consultez un médecin ou un psychiatre au plus vite. Vous ne devez pas rester seul avec vos idées noires.

COMMENT SAVOIR SI VOUS ÊTES DÉPRIMÉ ?

Chaque symptôme pris indépendamment peut sembler plutôt anodin et être attribué au stress de la vie quotidienne (hormis la dernière catégorie de symptômes, qui doit vous alerter immédiatement). Mais, si un changement dans votre manière d'être se produit et si vous présentez plusieurs de ces symptômes durant au moins 15 jours, en dehors de causes organiques, il s'agit peut-être d'une dépression. Par exemple, vous êtes de nature dynamique, volubile et joviale et, en l'espace de quelques semaines, vous êtes devenu taciturne, vous vous sentez toujours épuisé, vous n'avez plus envie de faire du sport, vous sentez confusément que quelque chose ne tourne pas rond et vous vous débattez avec vos problèmes sans parvenir à les surmonter. Je vous conseille alors d'être vigilant. Peut-être traversez-vous juste une mauvaise passe, parce que vous rencontrez des problèmes au travail ou dans votre vie de couple ? Mais il peut s'agir d'un mal plus profond... Je vous invite à consulter un médecin afin d'effectuer un bilan de santé et d'exprimer votre ressenti.

COMMENT SE MANIFESTE LA DÉPRESSION ?

Si vous souffrez d'une dépression, votre sommeil, votre humeur, votre capacité à élaborer des pensées et à réfléchir, vos émotions et votre comportement sont généralement affectés. En effet, vous avez affaire à une maladie protéiforme, qui se manifeste selon différentes intensités. Alors comment pouvez-vous concrètement repérer vos symptômes?

- **Commençons par le symptôme le plus facile à déceler :** il s'agit du ralentissement global de l'activité psychomotrice. En effet, comme vous ressentez une grande fatigue à cause du déséquilibre chimique dans votre cerveau et de votre manque de sommeil, vos gestes sont lents et pénibles à réaliser. Vous éprouvez une immense lassitude et vous manquez de tonus. Vous avez du mal à dormir, vous ne pouvez pas récupérer correctement, et vous vous sentez pris au piège d'un véritable cercle vicieux.

- **Votre moral :** vous vous sentez certainement très oppressé le matin au réveil, mais votre état s'améliore peu à peu au cours de la journée. Vous retrouvez un peu d'allant, même si vous avez l'air triste et abattu. De plus, vous avez du mal à lutter contre ces symptômes qui vous dépassent.
- **Votre comportement :** vous avez envie de rester au lit toute la journée. Effectuer les gestes du quotidien vous semble insurmontable. Par exemple, vous laver, vous habiller, vous rendre au travail et tenir votre maison en ordre peuvent devenir extrêmement compliqués à réaliser, car vous manquez d'énergie et de motivation. Vous apprêter, vous coiffer, vous maquiller (ou vous raser) et parfois vous laver deviennent le cadet de vos soucis.
- **Vos pensées :** vous ressentez un ralentissement intellectuel marqué par un débit de parole ralenti et par une difficulté à vous concentrer : vous avez du mal à penser correctement, à réfléchir, à formuler vos propos et à tenir une conversation. Par exemple, vous ne parvenez plus à lire un roman et vous oubliez des choses importantes. Tout cela peut vous pénaliser, car votre entourage remarque que votre comportement et votre façon de parler sont étranges. Cela peut affecter votre travail, ainsi que votre rapport aux autres. Vous avez tendance à ruminer des idées négatives, voire des idées noires. Ces pensées tournent en boucle dans votre esprit, sans que vous parveniez à les endiguer.

- **Vos envies :** vous n'avez plus envie de rien, hormis vous blottir sous un plaid et rester en boule sur le canapé. Votre libido peut aussi être impactée. Ainsi, tout ce qui vous tenait à cœur vous indiffère. Ce qui vous plaisait auparavant ne présente plus aucun intérêt pour vous. Vous devenez indifférent à tout ce qui se passe. Vous n'avez plus envie de voir du monde et vous vous isolez. Par exemple, vous n'avez plus du tout envie de vous rendre au marché pour acheter des fruits et des légumes, et encore moins de vous préparer à manger correctement. Si vous n'avez pas perdu l'appétit, vous êtes plutôt tenté de vous nourrir d'aliments compacts, gras, sucrés et rapides à préparer.
- **L'anxiété :** si l'anxiété prédomine dans votre dépression, vous pouvez vous montrer irascible et d'humeur instable. Votre comportement paraît agité et excessif aux yeux des autres. Vous ressentez beaucoup de contrariété et de stress face aux évènements les plus anodins de votre quotidien. Vous pouvez également présenter des troubles anxieux, comme l'agoraphobie (la peur des espaces confinés et bondés) ou la phobie sociale (la peur de vous confronter aux autres). Ces troubles vous entravent socialement, car ils vous empêchent de mener une vie normale. Vous rendre au travail ou entrer dans un ascenseur, un métro ou une salle de réunion devient alors difficile.
- **Vos émotions :** face à la dépression, vous pouvez réagir de différentes façons. Soit vous pleurez beaucoup : c'est votre façon à vous d'exprimer le désarroi et la peur face à la souffrance morale que vous ressentez. Soit, au contraire, vous ne pleurez pas et n'exprimez aucune émotion, alors que vous souffrez tout autant. Alors vous vous murez dans le silence et vous vous repliez sur vous-même. Peut-être même portez-vous un « masque » en société afin que personne ne soupçonne que vous souffrez ?

- **Votre rapport au monde :** la dépression (comme le burn-out) vous éloigne de la réalité. Plus rien ne vous paraît avoir de sens. Vous avez sans doute la sensation d'être dispersé en mille morceaux et de ne plus savoir qui vous êtes... Peut-être avez-vous l'impression d'être dans une bulle cotonneuse, et complètement paumé, alors que vous vous trouvez dans des lieux familiers, chez vous ou sur votre lieu de travail. Tout vous apparaît de façon extrêmement négative. Vous pouvez avoir l'impression d'être un poids pour votre entourage et vous ressentez de la culpabilité. Des pensées négatives, des remords et des idées noires tournent en bouclent dans votre esprit. Vous vous dévalorisez et vous estimez que vous ne parviendrez jamais à rien. Vous n'arrivez pas à vous projeter dans l'avenir, proche ou lointain.
- **Votre état physique :** vous pouvez également parfois présenter des symptômes physiques inhabituels, tels que des maux de ventre, des douleurs lombaires ou dentaires, des migraines, des vertiges, des palpitations, des tremblements, des problèmes de peau, de l'alopécie ou une aménorrhée. Vous n'êtes pas bien physiquement, alors que les examens médicaux ne révèlent aucune cause physiologique.

LES DIFFÉRENTES INTENSITÉS DE LA DÉPRESSION

Votre dépression peut se manifester selon différentes intensités : elle peut être d'intensité « légère », « modérée » ou prendre une forme plus « sévère ». Certains médecins utilisent les termes « dépression modérée », « dépression sévère » et « dépression très sévère », mais ces termes désignent néanmoins les trois intensités de la dépression communément identifiées.

Comment pouvez-vous évaluer l'intensité de votre dépression avec l'aide de votre médecin? Il existe des échelles d'évaluation qui vous permettent d'estimer la sévérité de vos symptômes, comme l'échelle de dépression de Hamilton (HDRS), l'échelle de dépression de Montgomery et Asberg (MADRS), ou encore l'échelle d'autoévaluation appelée « inventaire de dépression » de Beck.

Si vous présentez entre cinq et sept symptômes principaux, votre dépression est considérée comme « légère à modérée ». Au-delà de huit, elle est dite « sévère ».

- Si vous avez une dépression légère, vous vous sentez d'humeur morose et fluctuante, votre moral est bas et vous éprouvez peut-être de l'anxiété. Vous pouvez traiter votre dépression sans médicaments, mais je vous conseille de consulter un médecin afin d'effectuer un bilan de santé.
- Si votre dépression est modérée, vous ressentez les mêmes symptômes que dans le cas précédent, ainsi que les symptômes physiques de la dépression. Je vous recommande vivement de consulter un médecin.
- Si vous souffrez d'une dépression grave, votre maladie est potentiellement dangereuse, car vos symptômes physiques et psychologiques sont intenses et risquent de vous conduire à commettre l'irréparable. Vous devez absolument consulter un médecin au plus vite.

Les points à retenir : Si vous souffrez d'une dépression légère, cela ne signifie pas pour autant que vous souffrez moins qu'une autre personne et que vous n'avez pas besoin de vous soigner... Je vous conseille donc de toujours signaler les symptômes de votre dépression et de votre mal-être. Ceux-ci doivent être pris au sérieux par le corps médical, car ils sont toujours désagréables et invalidants. Ne les négligez pas non plus vous-même, car une dépression légère peut toujours évoluer vers une forme plus sévère ou devenir chronique. Aussi, je vous recommande de traiter votre dépression « légère » avec autant d'attention qu'une dépression « modérée à grave ».

MES CONSEILS DE PSYCHOLOGUE

Vous sentez que la dépression agit insidieusement, comme un nuage gris qui s'étend et qui envahit peu à peu toutes vos pensées et tous les aspects de votre vie ? Vous devenez étranger à vous-même, car votre dépression a déposé un filtre qui déforme vos pensées et la façon dont vous percevez les évènements ? Aussi, chaque jour, je vous conseille de vous souvenir que c'est ce filtre déformant qui est en action. Le début du traitement consiste à vous accrocher à vos petites actions de la vie quotidienne, afin de ne pas perdre pied complètement. Je vous invite à consulter un médecin afin d'établir un diagnostic et de bénéficier d'un traitement, si le médecin estime que vous en avez besoin.

Si vous souffrez physiquement, je vous incite également à traiter vos autres symptômes comme il se doit, qu'il s'agisse de migraines récalcitrantes ou de problèmes de dos. En effet, si vous décidez de vous attaquer à vos douleurs, cela contribuera à vous aider à sortir de la dépression. À cet égard, des traitements adaptés et/ou la médecine douce peuvent également s'avérer très bénéfiques (l'ostéopathie, les massages, les huiles essentielles, l'homéopathie ou la phytothérapie).

Lorsque vous aurez retrouvé un minimum de forme physique, je vous conseille de détricoter vos idées négatives, votre pessimisme et votre sentiment de dévalorisation, afin d'examiner tout cela avec objectivité et non au travers du filtre de la dépression. Ensuite,

→

vous pourrez vous pencher concrètement sur les problèmes que vous devez régler. Tout cela demande de gros efforts, mais je vous assure que cela vaut vraiment la peine de vous accrocher. Toutefois, ces étapes ne se dérouleront pas forcément dans cet ordre pour vous. Vous aurez peut-être besoin d'agir concrètement sur les évènements afin d'améliorer votre moral. Ou bien vous ressentirez la nécessité de réfléchir à votre perception des évènements afin de retrouver un peu de votre énergie. À votre rythme, vous pourrez influencer le cours des choses et modifier peu à peu vos pensées négatives, ainsi que la façon dont votre cerveau traite les informations.

LES DIFFÉRENTS TYPES DE DÉPRESSION

Si votre dépression est survenue à la suite du stress, de l'environnement familial ou professionnel, d'un deuil ou d'une rupture amoureuse, quelques mois ou quelques années après, elle est dite « réactionnelle ». Votre organisme a réagi aux attaques extérieures et s'est épuisé.

Votre dépression peut être qualifiée de « chronique » si votre épisode dépressif persiste plus de 2 ans. Et sachez que toute dépression non traitée peut devenir chronique.

Votre dépression peut être « récurrente », si vous subissez des épisodes dépressifs répétés, malgré votre traitement et votre guérison.

Votre dépression peut être « endogène ». Cela signifie qu'elle survient sans raison apparente, du moins sans que vous puissiez en désigner la cause. Elle serait alors attribuée à une « disposition naturelle ».

Toutefois, les causes de votre dépression peuvent être multiples : la vie réserve suffisamment d'évènements stressants pour pouvoir servir d'éléments déclencheurs à une dépression, surtout si vous

→

êtes a priori sensible au stress et à la dépression. Votre dépression peut prendre la forme d'un trouble affectif saisonnier (dépression saisonnière estivale ou dépression saisonnière hivernale).
Votre dépression peut être « masquée ». Ainsi, vous êtes victime de divers troubles somatiques (comme l'aménorrhée – ou absence de règles - si vous êtes une femme), comme si votre corps matérialisait un mal-être que votre cerveau ne parviendrait pas à exprimer.
Votre dépression peut être « agitante » : vous êtes anxieux, instable et agité, vous ne tenez pas en place, mais sans parvenir à faire quelque chose de concret.
Votre dépression peut être « souriante » : vous souffrez, mais vous arborez un masque social et vous semblez détendu en apparence.
Je peux vous citer encore d'autres formes de dépressions : la dépression à retardement, la dépression organique, le trouble bipolaire, la dysthymie, la dépression délirante, la dépression hostile, la dépression récurrente de courte durée et la dépression unipolaire.

MES CONSEILS DE PSYCHOLOGUE

Il ne sera pas forcément facile pour vous de déterminer de quel type de dépression vous souffrez, et avec quelle intensité.
Je vous conseille vivement de vous rendre chez un médecin, afin de procéder à un examen et d'établir un diagnostic. Bien sûr, je sais qu'il n'est peut-être pas évident pour vous de parvenir à vous exprimer avec les mots justes, de décrire vos émotions et d'expliquer vos symptômes, mais je vous encourage à essayer quand même. Votre médecin pourra identifier et évaluer votre état, vous rassurer, puis vous orienter vers un traitement personnalisé efficace. Je sais que vous pouvez vivre votre dépression comme une honte sociale et comme une marque de faiblesse et d'inaptitude. →

Mais votre dépression n'est pas due à un manque de volonté ou à une faiblesse de caractère. Nous avons tous nos limites et chacun d'entre nous peut être exposé à un stress important ou à un évènement traumatisant, qui augmente le risque de la survenue ultérieure d'un passage à vide. Personne n'est jamais responsable d'avoir subi un traumatisme au cours de sa vie, qui pourrait augmenter le risque de subir une dépression. De plus, dans certains cas, la dépression peut avoir un caractère héréditaire. En effet, certains gènes sont propices à la survenue d'une dépression, si ces gênes rencontrent un environnement propice. C'est pour cela que la dépression se transmet de génération en génération dans certaines familles. Ainsi, si vous possédez des gênes favorables à la survenue de la dépression et si vous grandissez dans un environnement propice, vous présentez davantage de risques de développer une dépression. Mais là encore, qui dit « risque » ne signifie pas la survenue automatique d'une dépression (heureusement !). Si vous trouvez des facteurs de résilience et parvenez à vous reconstruire, vous ne subirez pas nécessairement cette maladie.

Dans tous les cas, il ne faut pas culpabiliser d'avoir été touché par la dépression. Celle-ci a longtemps été synonyme de faiblesse, voire de folie. Jusqu'à une époque assez récente, elle n'était pas bien prise en charge, par manque de connaissances scientifiques. À présent, il existe des traitements plus respectueux des personnes en souffrance.

UN POINT SUR

DÉPRIME OU DÉPRESSION ?

Dans le langage courant et dans les médias, on utilise souvent les mots « déprime » et « dépression » de manière équivalente. Tout cela peut prêter à confusion ! Pourtant, la « dépression » et la « déprime » recouvrent des réalités différentes.

La déprime est une baisse de moral temporaire et sans gravité que vous pouvez traverser durant quelques jours ou quelques semaines, à la suite d'une période de stress et d'anxiété, à l'annonce d'une mauvaise nouvelle ou après un évènement survenu dans votre vie. Vous éprouvez de la tristesse, de la déception, du dépit, de la contrariété ou du chagrin, mais tout cela s'estompe naturellement au fil du temps et votre vie reprend son cours. Rassurez-vous, votre réaction est naturelle et passagère.

On se relève généralement bien et de façon spontanée d'un coup de blues. Toutefois, cette baisse de moral peut déboucher sur une véritable dépression, qui est un mal plus profond et une véritable pathologie… Alors, n'hésitez pas à prendre le temps de parler de ce qui vous rend triste et morose, de vous reposer, de récupérer, de vous détendre et de vous distraire. Par exemple, vous pourriez décider de vous octroyer 1 ou 2 jours de pause et de vous extraire du stress du quotidien afin de vivre votre sentiment de tristesse ou de déception, sans le nier, pour ensuite décider de passer à autre chose et faire en sorte de rebondir…

N'hésitez pas à utiliser les outils de ce livre, comme l'auto-assistance, le yoga, la méditation, l'alimentation ou l'exercice physique, pour sortir de votre déprime, surtout si vous constatez que celle-ci perdure et s'intensifie.

JE, JE SUIS
DÉPRESSIF!!!

Chapitre 2

Pourquoi et comment la dépression apparaît-elle ?

LES DIFFÉRENTS FACTEURS DE LA DÉPRESSION

Il est difficile de généraliser en matière de dépression. Nous avons tous une sensibilité, un capital génétique, une histoire familiale et un parcours de vie qui nous sont propres. Nous ne disposons pas tous des mêmes facteurs de résilience (c'est-à-dire des ressources permettant d'exister et de rebondir), telles qu'un lieu de vie sain, une famille aimante, des proches présents et en bonne santé, un environnement social sympathique, un travail épanouissant, un bon équilibre de vie, etc. Nous n'avons pas tous rencontré les mêmes difficultés dans le passé. Or, ces obstacles peuvent certes endurcir, mais ils peuvent rendre également plus fragiles et plus vulnérables face au stress et à la dépression. Ce qui provoque une dépression chez un individu n'affectera pas nécessairement un autre individu.

“ ***Par exemple, Audrey sort d'un divorce compliqué.***

Cet évènement a été suffisamment difficile et éprouvant pour provoquer une dépression réactionnelle quelques mois plus tard. Pourtant, la dépression d'Audrey aurait également pu être favorisée par une fragilité affective présente en elle bien avant son divorce. En effet, cette dépression a pu être provoquée par plusieurs facteurs, dont certains sont plus faciles à identifier que d'autres. ”

Certains facteurs peuvent former un terrain propice à la dépression. Si vous connaissez ces facteurs, cela vous aidera à identifier les raisons de votre dépression.

- **Le stress et l'anxiété** mettent l'organisme à rude épreuve et l'affaiblissent. Cela peut parfois entraîner une dépression par la suite, comme un soufflé qui retombe.
- **Les modifications hormonales** sont quelquefois sources de déséquilibre et de dépression. Or, nous ne sommes pas tous confrontés aux mêmes modifications hormonales et nous n'avons pas tous la même sensibilité face à ces modifications. Les femmes sont apparemment davantage touchées que les hommes par la dépression (voir La dépression chez les femmes, p. 62).
- **Certaines maladies** entraînent malheureusement parfois des épisodes dépressifs : les maladies cardiaques, le diabète, l'hyperthyroïdie ou l'hypothyroïdie, les maladies des glandes surrénales, les maladies virales (comme le sida), l'alcoolisme, les maladies neurologiques et certains cancers. Dans le cas de l'addiction à l'alcool, la dépression peut être à la fois une cause de la prise d'alcool et une conséquence de la déchéance physique et psychologique provoquée par cette prise d'alcool.
- **Les antécédents familiaux de dépression** augmentent le risque de développer cette pathologie.
- **Si vous avez déjà subi une dépression,** le risque de récidive est élevé, tout comme celui de développer une dépression

chronique, qui s'éternise quelquefois pendant des années, sauf si vous décidez de vous prendre en charge.

- **Certains évènements** vécus durant votre enfance et votre adolescence peuvent provoquer en vous des fragilités affectives et une estime de soi défaillante. Celles-ci peuvent être sources de dépression. De fait, n'importe quel évènement du passé, proche ou lointain, peut être à l'origine d'une dépression. Nous sommes tous des êtres sensibles et nous avons tous nos propres limites. Chacun peut connaître des difficultés dans sa vie et avoir du mal à les surmonter psychologiquement.
- **Toute perte, quelle qu'elle soit,** du moment qu'elle est importante à vos yeux, peut provoquer une dépression réactionnelle (le déclassement, un déménagement, la perte de votre sentiment de sécurité, la perte de confiance en soi, le rejet social, le sentiment d'abandon, la perte de l'estime de soi, un divorce ou une séparation, une rupture amicale, la perte de votre emploi ou la perte d'un être cher...).
- **Les problèmes professionnels** peuvent être aussi des causes de dépression ou de burn-out (le harcèlement moral ou sexuel, un processus de licenciement, une surcharge de travail alors que vous ne disposez pas des moyens de l'effectuer et que les délais sont trop courts, un manque de travail provoquant ennui et désœuvrement – ou « bore-out » –, un changement d'organisation, un nouveau rythme de travail, la peur de la précarité, des problèmes relationnels, l'excès de responsabilités, être sous-employé et surqualifié pour votre poste, faire un travail pénible physiquement qui entraîne des blessures, ressentir le syndrome de l'imposteur, les horaires décalés, de mauvaises conditions de travail, une mise au placard, etc.).
- **Certaines situations particulières** peuvent susciter un sentiment de grand désarroi et entraîner une dépression :
  - le sentiment de ne plus avoir de contrôle sur votre vie ;

- l'impression d'être pris au piège dans une situation qui ne vous convient pas, sans possibilité apparente d'en sortir ;
- les périodes de grands changements (même un évènement heureux comme un mariage) ;
- le sentiment d'échec ;
- la fin d'un cycle (comme la fin du lycée ou des études supérieures, le départ à la retraite, le départ d'un proche ou d'un enfant qui quitte la maison pour étudier, la fin d'une grosse période de travail...) ;
- ne pas vous sentir aimé, vous sentir rejeté et subir la solitude.

• **La privation de sommeil, la fatigue extrême et l'épuisement** sont évidemment des causes majeures de dépression, car votre organisme, privé de repos, ne peut pas récupérer suffisamment, reconstituer ses neuromédiateurs afin d'assurer le fonctionnement optimal de votre cerveau et traiter correctement les informations qui vous parviennent.
• **Si votre estime de soi est défaillante**, cela peut être également un facteur de dépression (vous ressentez le complexe de l'imposteur, vous êtes très complexé par votre apparence et c'est une source de souffrance, vous vous sentez différent, stigmatisé et mis à l'écart, vous vous sentez en décalage et vous vous dévalorisez par rapport aux autres...).

Si vous traversez l'une de ces situations au cours de votre vie, cela ne signifie pas forcément que vous subirez une dépression (heureusement !), car chacun réagit à sa façon face au stress et face à ces différentes situations. Nous faisons également des choix de vie qui ont un impact sur l'apparition ou non de la dépression. De plus, chacun d'entre nous dispose de ses propres ressources permettant de contourner cette maladie ou de la surmonter. Rien n'est « écrit » ni garanti d'avance...

UN POINT SUR

STRESS ET DÉPRESSION

Le stress est une réaction normale de votre organisme face à un changement, à un évènement surprenant, à un bruit, ou même face au temps qui nous manque pour effectuer une tâche. Il fait partie de la vie ! Tout peut provoquer du stress, notamment ce qui est source de préoccupation, de culpabilité, de mal-être, d'inquiétude, de peur, d'échec ou de remise en question. Ainsi, toute adaptation à un changement est source de stress. Cependant, l'accumulation du stress peut susciter de l'anxiété, et plus tard une dépression. Alors, apprendre à gérer votre stress et votre anxiété et limiter vos sources de stress inutile seront de très grands atouts pour prévenir une éventuelle dépression.

LA DÉPRESSION ET SES CONSÉQUENCES

Des conséquences sur la vie quotidienne

Malheureusement, la dépression entraîne souvent de sérieuses répercussions sur la vie de couple, la vie de famille, la vie sociale et la vie professionnelle. Une étude récente a montré qu'une personne ayant déclaré souffrir d'une dépression ou d'anxiété généralisée risquait davantage de perdre son emploi qu'une autre dans les quatre années à venir. En effet, entre 2006 et 2010, à postes et à caractéristiques sociodémographiques équivalents, 86 % des femmes et 82 % des hommes ayant déclaré des troubles de l'humeur ont conservé une activité professionnelle, contre 92 % des femmes et 93 % des hommes n'ayant pas manifesté de dépression.

Si vous êtes déprimé, la situation n'est guère évidente pour votre famille, vos amis et vos collègues. Même si vos proches montrent de la sollicitude, ils ne connaissent pas et ne comprennent pas toujours votre maladie. De plus, les personnes déprimées ont parfois tendance à s'isoler et à ruminer seules leurs idées noires, ce qui accentue la distance avec leurs proches. Parfois, au contraire, elles ont tendance à ne parler que de cela, ce qui peut mettre leurs proches mal à l'aise, car ils se sentent impuissants.

Des conséquences sur la santé

La dépression est un facteur aggravant des problèmes cardio-vasculaires. Les addictions (aux médicaments, à l'alcool ou à la drogue) sont également des conséquences possibles de la dépression.

De plus, en cas de dépression grave, le risque de tentative de suicide est malheureusement multiplié par 21. Ce risque est multiplié par 4 si la rémission est partielle et non complète. Un rapport de l'Académie nationale de médecine montre que 5 à 20 % des patients font une tentative de suicide et que la majorité d'entre eux n'avait pas reçu d'antidépresseurs. Leur grave dépression avait-elle seulement été diagnostiquée et avaient-ils été correctement encadrés ?

Des conséquences évitables aujourd'hui

Autrefois, il n'existait pas de traitement contre la dépression et les personnes déprimées étaient parfois internées dans des asiles, où elles subissaient des traitements plus ou moins cruels. Aujourd'hui, la dépression est une maladie dont on peut guérir.

Pourtant, comme nous vivons dans une société compétitive, où tout va très vite, les personnes touchées par la dépression ont parfois honte de ressentir des difficultés et peuvent se sentir inadaptées : elles évoquent le sujet avec leur médecin généraliste, mais elles ne parviennent pas toujours à en parler à leurs proches et ont du mal à aller consulter un psychologue. La dépression est encore un sujet tabou pour certains. Heureusement, son image commence à changer ! N'ayez pas peur de sortir du silence et de vous orienter vers une prise en charge, car vous n'avez pas une maladie honteuse : vous pouvez vous en sortir, retrouver une vie normale, et même mener une vie très agréable après votre guérison !

QUELQUES QUESTIONS-RÉPONSES...

Quelle est la différence entre déprime et dépression ?
Une « déprime » est à un « coup de blues » passager alors qu'une dépression est une véritable pathologie. Le terme « déprime » prête à confusion, car les médecins qualifient communément de « déprimés » leurs patients atteints de dépression, alors que, dans le langage courant et dans les médias, on utilise souvent le terme « dépression » pour évoquer un coup de cafard.

Comment puis-je savoir si je souffre d'une dépression légère ou plus sévère ?
Votre dépression est qualifiée de « légère » si vous souffrez et si vous vous sentez mal à l'aise au quotidien, mais que les activités que vous pratiquez habituellement ne sont pas trop entravées (votre travail, vos relations avec les autres, vos loisirs, votre vie de famille...). N'ignorez pas pour autant ce type de dépression, car elle peut toujours évoluer vers une forme plus sévère et s'installer durablement, ce qui impacterait fortement votre qualité de vie.

→

Votre dépression est qualifiée de « modérée » si vos activités habituelles vous coûtent beaucoup d'efforts et vous paraissent difficiles et si votre souffrance psychique est importante.
Votre dépression est qualifiée de « sévère » si vos activités vous semblent extrêmement difficiles et quasiment impossibles à effectuer. Vos symptômes sont nombreux : vous avez des idées noires et votre souffrance psychique est difficilement supportable.

Peut-on guérir seul d'une dépression ?
Vous pouvez guérir seul (c'est-à-dire sans médicaments) d'une dépression de forme « légère », si vous mettez en place un programme d'auto-assistance dans votre vie.
Toutefois, il me paraît plus raisonnable que vous consultiez un médecin, qui va établir avec vous un véritable diagnostic, d'autant que la solitude et le repli sur soi sont des facteurs aggravants de la dépression. Une dépression d'intensité légère peut toujours évoluer vers une forme plus sévère.

Je prends des antidépresseurs pour soigner ma dépression. Est-ce suffisant ?
Si votre dépression est d'intensité modérée à grave, les antidépresseurs vous aident à vous soigner chimiquement. Ils vous permettent d'éliminer vos symptômes gênants et vous permettent de retrouver une « vie normale ». Cependant, ils ne sont pas toujours suffisants, car ils ne traitent pas la ou les cause(s) réelle(s) de votre dépression. Il vous faut une prise en charge globale (auto-assistance, psychothérapie, hygiène de vie....).

Puis-je faire du sport si une dépression m'a été diagnostiquée ?
Oui, je vous conseille d'avoir une activité physique quotidienne, comme la marche, le yoga, la gym douce ou la natation. Tout sport qui vous fait plaisir est recommandé, car cela provoque la sécrétion d'endorphine, l'hormone du bien-être. Cependant,

→

comme la dépression provoque un ralentissement de l'organisme et que vous vous sentez fatigué et démotivé, cela ne vous donne pas toujours envie de faire du sport. Néanmoins, efforcez-vous de faire de la marche à pied chaque jour afin de profiter de la lumière du jour et de prendre l'air.

QUAND SAIT-ON QUE L'ON EST GUÉRI ?

Vous allez d'abord observer une amélioration progressive et significative de votre état, même si vous souffrez encore. Cela se traduit par la disparition de certains symptômes (par exemple votre insomnie, vos idées noires, vos ruminations ou votre sensation d'oppression), mais pas de tous les symptômes (il vous arrive encore de pleurer « sans raison », vous êtes facilement fatigué, vous avez toujours du mal à vous concentrer, vous avez des réminiscences d'anxiété, une parole malheureuse peut vous faire craquer...). On dit alors que vous êtes en « rémission partielle » , mais rassurez-vous, vous êtes sur la bonne voie !
Ensuite, ces derniers symptômes vont disparaître à leur tour, vous allez vous renforcer et retrouver petit à petit un « état normal ». Pour que la guérison soit déclarée, il faut que cette période de « rémission complète » dure 6 mois.

Je me sens mieux depuis quelques semaines, puis-je arrêter de prendre mes antidépresseurs ?
Vous vous sentez mieux, c'est très bon signe et c'est encourageant. Pour autant, il faut éviter d'interrompre brusquement votre traitement car vous risqueriez de voir réapparaître vos symptômes avec force. Il est plus sage de consulter votre médecin, de faire un bilan et de convenir avec lui d'une diminution progressive de vos antidépresseurs.

Chapitre 3

Zoom sur quelques situations particulières

LE TROUBLE AFFECTIF SAISONNIER

La dépression saisonnière hivernale

Hypersomnie, fatigue excessive, blues, envie de rien... la dépression saisonnière frappe certaines personnes de façon chronique, chaque année, lorsque les jours commencent à raccourcir et que l'ensoleillement diminue. Quelques astuces vous permettent de réduire ce phénomène et de traverser l'hiver en meilleure forme.

L'importance de la lumière

Si vous êtes sujet à la dépression saisonnière hivernale, vous êtes probablement très sensible au manque de lumière et d'ensoleillement. Pour y remédier, veillez à :

- vous exposer le plus possible à la lumière du jour en sortant prendre l'air, chaque jour sans exception, même s'il fait froid, et surtout aux heures les plus ensoleillées de la journée ;
- vivre au quotidien dans un intérieur lumineux et bien éclairé. Si vous travaillez chez vous, n'hésitez pas à placer votre bureau près d'une fenêtre ;
- favoriser la luminosité dans votre intérieur en plaçant des miroirs qui réfléchissent la lumière, en posant des voilages de couleur claire devant vos fenêtres au lieu d'épais doubles rideaux (il vaut d'ailleurs mieux éviter de les fermer dans la journée) et en disposant différents éclairages directs et indirects ;
- décloisonner votre intérieur, si cela vous est possible, afin d'agrandir votre espace et de lui donner de la respiration ;
- éviter les couleurs sombres sur les murs, car elles donnent plutôt le cafard et créent une sensation d'oppression. Par exemple, pourquoi ne pas vous inspirer du design scandinave ? Dans cette région, les nuits sont très longues. Les intérieurs nordiques sont donc conçus de façon à maximiser la luminosité, et le blanc y est omniprésent.

La solution luminothérapie

En automne, les jours commencent à raccourcir et la luminosité diminue. Pour compenser ce manque de lumière, n'hésitez pas à vous exposer régulièrement à un appareil de luminothérapie. Cela vous fera le plus grand bien. Cette technique montre de bons résultats sur la dépression saisonnière hivernale, car elle permet de réguler le rythme de l'horloge biologique et de stimuler la production de mélatonine pendant la nuit. Il est conseillé de s'y exposer le matin, au réveil. Il faut vous placer à 30 ou 40 cm de la lampe, réglée sur 2500 lux, pendant 30 minutes, le temps par exemple de prendre votre petit déjeuner, de relever vos emails, de méditer ou de lire les news. De plus, on trouve des appareils de luminothérapie à des prix relativement accessibles dans les grandes enseignes. Assurez-vous néanmoins que votre lampe comporte le label CE médical, qui garantit qu'elle n'émet pas de rayons ultraviolets. Faites attention si vous prenez certains médicaments photosensibilisants (antibiotiques ou antidépresseurs) et évitez ce traitement si vous avez des problèmes ophtalmiques (comme une maladie de la rétine). Si vous êtes sous traitement médical, le plus raisonnable est d'en parler à votre médecin.

La qualité du sommeil

Le manque de sommeil est un important déclencheur d'anxiété et de dépression. Pour y remédier, veillez à dormir suffisamment, à vous coucher et à vous lever à des heures régulières, à déconnecter vos appareils électroniques dans votre espace nuit, et à faire une courte sieste lorsque vous en avez l'envie et la possibilité. Il ne s'agit pas d'hiberner, mais de vous reposer et de reconstituer votre énergie afin de mener à bien vos activités.

L'activité physique

Pratiquer une activité physique à l'extérieur vous fera toujours du bien au moral. Si vous souhaitez augmenter votre activité physique quotidienne tout en bénéficiant de la lumière du jour, la marche reste un grand classique : elle est gratuite et adaptée à toutes les conditions physiques ! Descendez du métro deux stations avant votre point de chute ou garez-vous à l'écart de votre lieu de travail et continuez à pieds. Instaurez la promenade digestive après votre passage à la cantine de votre entreprise. Si vous êtes un adepte de la course à pied, pratiquez-la de préférence lorsque l'ensoleillement est à son maximum plutôt qu'à l'aube ou à la nuit tombée, afin de profiter des bienfaits de la lumière.

Du côté des activités en salle, je préconise tout sport qui vous fait plaisir, mais je vous recommande particulièrement la pratique du yoga, qui est très bénéfique contre la dépression légère.

L'alimentation en hiver

Vous tirerez le plus grand bénéfice d'un meilleur équilibre alimentaire. En effet, si vous soignez votre alimentation, cela vous permettra de renforcer vos défenses immunitaires et de lutter contre la dépression hivernale. Alors, privilégiez les aliments réputés pour leurs vertus « anti-déprime », mais n'oubliez pas les aliments qui vous font plaisir. À ce propos, rendez-vous au chapitre consacré aux bienfaits de l'alimentation, p. 136.

Les activités agréables

La rentrée de septembre est la période idéale pour intégrer à votre mode de vie des activités qui vous font plaisir. En plus de rythmer vos semaines, celles-ci vous permettront d'échanger avec d'autres personnes, de vous réaliser et d'être plus heureux au cœur de l'hiver.

Dire « adieu » aux mauvais souvenirs

Peut-être vous sentez-vous tourmenté par de mauvais souvenirs liés à la période hivernale ? Pour y remédier, vous pourriez tenter de remplacer ces images négatives par des expériences plus positives. Oui, en automne et en hiver, il pleut, il fait froid, la nuit tombe tôt et les fêtes de fin d'année sont déprimantes pour certains. Mais cette saison est aussi riche en possibilités de sorties culturelles, conviviales, gastronomiques et sportives. Le cocooning hivernal dans un nid douillet a également son charme.

Opter pour une aide extérieure

Dès l'apparition de vos symptômes, n'hésitez surtout pas à consulter votre médecin traitant afin d'établir un véritable diagnostic et d'écarter toute autre pathologie. De plus, quelques séances avec un psychologue vous permettront de bénéficier d'un soutien durant cette période.

La dépression saisonnière estivale

Qu'est-ce que la dépression saisonnière estivale ?

Tout le monde ne se réjouit de voir les beaux jours arriver, les températures augmenter et les journées s'allonger, et tout le monde ne partage pas cet engouement ambiant pour la chaleur, les vacances et les rapprochements familiaux. Parfois même, l'arrivée de la saison estivale provoque des symptômes dépressifs. La dépression saisonnière estivale est caractérisée par de l'anxiété, un comportement agité, des troubles du sommeil comme l'insomnie, une perte d'appétit entraînant une perte de poids, de la fatigue chronique, de l'irritabilité, une difficulté à se concentrer et un désintérêt vis-à-vis des activités qui étaient appréciées auparavant.

Pourquoi certaines personnes sont-elles touchées par la dépression saisonnière estivale ?

Les facteurs de la dépression saisonnière estivale sont multiples.

- Celle-ci touche apparemment davantage les femmes que les hommes, probablement à cause d'une sensibilité hormonale.
- Généralement, les personnes qui ne supportent pas les grosses chaleurs sont très incommodées lorsque la température dépasse 25° C. Elles ont alors tendance à rester enfermées et isolées le plus possible afin de fuir le soleil et les températures élevées.
- La longueur des jours peut également sembler difficile : le soleil qui se lève très tôt et qui se couche tard peut provoquer des insomnies et un raccourcissement du temps de sommeil. Or, l'enfermement, la sédentarité et le manque de sommeil sont

particulièrement propices à la survenue d'un état dépressif. C'est une sorte de cercle vicieux.

- Les personnes souffrant d'allergies au pollen sont, elles aussi, très incommodées pendant l'été.
- D'autre part, même si, pour la plupart des gens, le soleil est un antidépresseur naturel, les personnes qui prennent un traitement aux antidépresseurs risquent de mal supporter des expositions prolongées au soleil, qui peuvent provoquer chez elles de l'anxiété.
- Si vous appréciez votre travail et si vous avez besoin de votre routine habituelle, de stabilité et de repères, la perspective de voir votre rythme de vie modifié en été peut vous rendre anxieux.
- En été, les sources de stress sont nombreuses : les vacances à organiser, les valises à préparer, les enfants à occuper... Les congés d'été des collègues peuvent parfois occasionner une surcharge de travail et du stress. La baisse de l'activité professionnelle en été peut aussi vous entraîner dans un « bore-out » (un ennui profond au travail) et dans une spirale de démotivation. Les magasins fréquentés habituellement sont fermés, la vie culturelle est moins dense et le rythme de vie change, sans parler du coût des vacances qui creuse le compte en banque. Vous pouvez également souffrir de ne pas pouvoir partir en vacances et de devoir rester enfermé tout l'été. Enfin, si vous êtes un peu complexé par votre corps, vous n'appréciez pas forcément de devoir porter des tenues légères à cause de la chaleur.

Comment combattre la dépression saisonnière estivale ?

Pour lutter efficacement contre le blues de l'été, n'hésitez pas à mettre en place un programme anti-dépression dès l'arrivée des beaux jours.

- Tout d'abord, prenez des mesures concrètes afin de conserver l'esprit et le corps frais : équipez-vous d'un ventilateur, rafraîchissez-vous le plus souvent possible et fréquentez des lieux climatisés.
- Pour résoudre vos troubles du sommeil estivaux, couchez-vous à heures régulières et, surtout, ajoutez des rideaux occultants à vos fenêtres, qui vous permettront de prolonger votre temps de sommeil.
- Décalez vos horaires afin d'éviter la foule aux heures les plus chaudes, et partez en vacances de préférence dans un endroit tempéré, voire frais.
- Pratiquez une activité physique dans un lieu climatisé ou allez à la piscine. L'exercice physique vous aidera à maintenir la dépression à distance.

Que se passe-t-il à la fin de l'été ?

En septembre, les températures rafraîchissent et les jours commencent à raccourcir. Si vous avez une tendance à la dépression estivale, la rentrée est envisagée comme une libération de l'été et de ses contraintes. Elle est aussi synonyme de reprise de l'activité professionnelle habituelle, de rentrée des classes, de vie culturelle et de réouverture des clubs de sport. Vos proches et vos amis rentrent également de vacances. Et la vie reprend enfin son cours habituel. Vous vous sentez revivre !

Comment gérer votre stress en été ?

Pour commencer, ne vous sentez pas « obligé » d'accepter tout ce que l'on vous demande. Faites en sorte de ne pas vous retrouver débordé. Aussi, apprenez à dire « non » et ne vous embarrassez pas de contraintes évitables. Cela vous permettra de diminuer votre stress. Par exemple, si vous êtes très sensible en cette saison, vous n'êtes en rien forcé de recevoir des invités chez vous pendant tout l'été. Je vous recommande également d'organiser les vacances à l'avance et de prévoir les activités des enfants à l'avance, dans la mesure du possible. Ainsi, vous gagnerez en tranquillité d'esprit et vous dégagerez un peu de temps pour vous.

Toutefois, si vous augmentez votre seuil de tolérance à l'imprévu, vous pourrez aussi diminuer votre stress. En effet, apprendre à s'adapter aux évènements inattendus favorise la sérénité. C'est à vous de trouver le subtil dosage entre le stress que vous pouvez supporter et ce qui vous rend vraiment trop nerveux. De plus, si vous pratiquez des activités agréables et qui vous font plaisir, vous percevrez l'été autrement que comme une longue source de contrariétés, de contraintes et/ou de désœuvrement. Dites-vous que cette perte de repères est temporaire et que l'été peut aussi constituer un moment de repos et de récupération. Vous avez le droit de ne pas apprécier l'été et de préférer la fraîcheur, mais faites juste en sorte que cette saison ne soit pas trop difficile à vivre pour vous.

Lors des périodes où vous vous sentez fragile, faites attention à votre alimentation, les glucides lents, le magnésium, les oméga-3, le tryptophane et la vitamine D sont vos précieux alliés. Et ce n'est pas le moment de vous lancer dans un régime trop restrictif !

Enfin, n'hésitez pas à demander de l'aide et à vous faire accompagner. Pourquoi vous résigner à souffrir pendant 3 ou 4 mois, alors que quelques séances de soutien psychologique vous permettraient de vous épancher, de mettre un nom sur vos angoisses et éventuellement de trouver des solutions ? Ne prenez pas les symptômes de votre dépression à la légère et n'hésitez pas à en parler à votre médecin traitant.

LE BURN-OUT

Qu'est-ce que le burn-out ?

Les cas de syndrome d'épuisement professionnel, ou burn-out, se sont multipliés ces dernières années en France. Il touche la population active et fait suite à l'exposition à un stress intense et prolongé sur le lieu de travail. Il se caractérise par :

- un épuisement physique et psychologique, un état dépressif, des troubles anxieux, de l'hypersensibilité et une baisse de l'estime de soi ;
- une forte irritabilité, des insomnies, des cauchemars, des troubles psychosomatiques, diverses douleurs dans le corps (troubles musculo-squelettiques, migraines, problèmes de peau...), une perte ou une prise de poids ;
- un manque de motivation, de l'absentéisme, le sentiment d'être incompris par vos collègues et par votre entourage ;
- parfois l'impossibilité totale de sortir de votre lit et de vous rendre sur votre lieu de travail, car vous n'arrivez pas à récupérer physiquement.

Les conséquences du burn-out sont très lourdes sur le plan de la santé, comme sur le plan de l'estime de soi : vous vous sentez généralement diminué, inutile et incompétent, cela peut vous entraîner vers des problèmes conjugaux et familiaux, la prise de stupéfiants et d'alcool, voire même une tentative de suicide. Aussi, je vous conseille de prendre vos symptômes très au sérieux.

Qui peut être touché par le burn-out ?

D'une manière générale, en France, les travailleurs sont en attente de reconnaissance et sont de plus en plus nombreux à rechercher du sens dans leur travail. Or, les travailleurs ne trouvent pas toujours ces deux éléments dans le monde du travail. Aussi, le burn-out peut toucher toute personne qui travaille, ou qui effectue des stages. Mais certaines personnes peuvent être davantage victimes d'un burn-out que d'autres, en fonction de leur rapport à leur travail, notamment :

- les travailleurs qui n'ont pas d'autre centre d'intérêt que leur travail et qui n'ont pas d'activité permettant d'évacuer leur stress ;
- les travailleurs dont l'accomplissement personnel passe avant tout par le regard des autres sur leur travail et qui associent particulièrement performances professionnelles et estime de soi ;
- les travailleurs dont l'identité est construite autour de leur profession ;
- les travailleurs extrêmement impliqués et investis, voire très zélés, qui ont un fort besoin de reconnaissance de la part de leur hiérarchie ;
- les travailleurs qui ont du mal à accepter les changements, une réorganisation ou de nouvelles procédures, au sein de leur service ou de leur entreprise.

Par ailleurs, certaines situations vécues au travail sont propices à la survenue d'un burn-out (ou d'une dépression) :

- se trouver en situation de harcèlement moral ou de harcèlement sexuel ;
- avoir une surcharge de travail ou des objectifs impossibles à atteindre, sans disposer des moyens et du temps pour accomplir les tâches demandées ;
- ne pas se sentir écouté par la hiérarchie ;
- se retrouver au milieu de « tensions politiques » et en subir les conséquences ;
- être rétrogradé et déresponsabilisé, être « placardisé » ;
- être promu, tout en ne se sentant pas à la hauteur de son poste (le syndrome de l'imposteur) ;
- connaître l'incertitude d'une très longue procédure de licenciement, ou être informé de son licenciement avec désinvolture (par e-mail par exemple, ou au cours d'une réunion avec d'autres personnes).

Toutes ces situations difficiles placent les travailleurs en état de stress permanent. Elles font baisser leur confiance en eux, les poussent à une conduite d'échec, et parfois au désespoir.

Le burn-out peut également toucher les entrepreneurs qui s'investissent souvent corps et âme dans la création et dans l'évolution de leur projet, parfois au détriment de leur santé et de leur vie personnelle. Si les résultats obtenus ne sont pas à la hauteur de leur investissement personnel, cela peut être très fragilisant pour eux.

Si vous vous investissez énormément dans le monde associatif, le burn-out peut aussi vous concerner, car une association fonctionne comme une petite entreprise. Vous êtes volontaire et bénévole, votre besoin de reconnaissance et votre quête de sens en sont donc d'autant plus forts. Or, dans une association, tout le monde n'a pas les mêmes attributions et ne s'investit pas de la même façon. Si vous vous dévouez corps et âme et si vous donnez tout votre temps personnel et votre énergie, alors que d'autres s'investissent beaucoup moins, mais qu'ils se montrent néanmoins très critiques envers vous, un déséquilibre peut se créer, entraînant parfois déception et désillusion. Tout ceci est un facteur de burn-out.

Si vous travaillez en horaires décalés, par exemple comme personnel médical, ouvrier, hôtesse de l'air ou conducteur de train, vous avez davantage de risques que d'autres de subir un burn-out, car votre rythme biologique est perturbé et vous manquez parfois d'exposition à la lumière.

Comment prévenir le burn-out ?

D'une manière générale, afin d'éviter le burn-out, il est très important de vous préserver et de trouver un bon équilibre entre vie personnelle et vie professionnelle. La clé est de répartir vos sources d'épanouissement et de vous valoriser également en dehors du travail.

Il est important pour vous :

- de réinvestir votre sphère intime, familiale et amicale. Cela vous laisse ainsi la possibilité de vous ressourcer et de prendre du recul par rapport à votre travail. Ainsi, vous conservez des ressources vous permettant de mettre en place une « stratégie de coping » lorsque le stress professionnel se fait sentir (en d'autres termes, il vous sera plus facile de mettre en œuvre une stratégie qui vous servira à faire face à la situation) ;

- de pratiquer un sport, une activité créative ou une activité associative en dehors du travail afin de vous défouler et d'évacuer votre stress ;
- d'apprendre à vous détendre en dehors du travail au travers de la pratique du yoga, de la sophrologie ou de la méditation. Et n'hésitez pas à reproduire la même stratégie au travail ;
- de garder un œil ouvert sur le marché de l'emploi, d'entretenir votre réseau et de suivre des formations, lorsque cela est possible. Ainsi, vous restez en alerte et vous êtes prêt à rebondir en cas de besoin. Vous vous sentez moins « prisonnier » de votre travail, même si le marché de l'emploi est tendu ;
- de dormir environ 7 heures par nuit et de vous déconnecter très régulièrement de votre ordinateur et de votre smartphone, surtout si vous les utilisez à des fins professionnelles.

Si vous travaillez en horaires décalés, je vous conseille d'avoir une bonne hygiène de vie, de conserver des plages de repos et des heures de repas régulières, de préserver votre vie familiale et sociale, et surtout de vous aérer en extérieur le plus souvent possible en dehors du travail.

Le test Maslach Burn-Out Inventory (échelle MBI) est disponible sur Internet. Il vous permettra de mesurer votre épuisement professionnel (sur le site www.souffrance-et-travail.com).

Comment soigner le burn-out ?

Ce trouble est grave et peut conduire à des tentatives de suicide. Rendez-vous chez votre médecin afin d'établir un diagnostic. Si un burn-out vous est diagnostiqué, il vous faut une prise en charge globale : il est primordial de vous faire aider par votre médecin, un psychiatre, un psychologue, des associations et votre famille. Vous ne devez pas avoir honte d'en parler et de demander de l'aide, c'est au contraire une marque de lucidité et de courage. Vous aurez peut-être aussi besoin d'un traitement adapté. Selon la gravité de votre épuisement et de votre dépression, vous devrez parfois opérer une coupure totale avec votre milieu professionnel, afin de protéger votre intégrité physique et psychologique, de vous reconstruire et de favoriser votre guérison. Si votre burn-out est survenu dans le cadre associatif, prenez beaucoup de recul sur vos activités bénévoles et ressourcez-vous auprès de vos proches, afin de trouver un nouveau souffle. Il est primordial de :

- récupérer une vie « normale » et un équilibre auprès de vos
- proches ;
- d'avoir une bonne hygiène de vie ;
- de trouver ce qui vous intéresse en dehors de votre travail ;
- de chercher ce qui peut vous valoriser (il peut s'agir de choses simples comme la cuisine ou le jardinage).

Cette coupure vous aide à prendre du recul, à vous reconstruire, à regagner en estime de soi et à retrouver une lecture normale de la vie.

Au terme de cette coupure, vous devrez peut-être envisager une réorientation professionnelle. Si vous reprenez votre travail, il vous faudra prendre plus de distance et conserver les bonnes habitudes acquises durant votre arrêt. Aussi intéressant que soit votre métier, je vous conseille de cultiver votre vie personnelle et vos centres d'intérêt, et surtout de vous réserver des plages de détente auprès de vos proches, afin de préserver l'équilibre entre votre vie professionnelle et votre vie personnelle.

LE BURN-OUT ESTIVAL

Comment se manifeste le burn-out estival ?

Même si cela peut sembler paradoxal, certaines personnes développent un burn-out durant les vacances. En effet, à l'approche de l'été, la vie quotidienne est souvent bien remplie, les sources de stress sont nombreuses et la fatigue accumulée se fait sentir. Lorsque les vacances arrivent enfin, il est naturel que certaines personnes puissent se sentir complètement vidées, stressées, épuisées et incapables de profiter pleinement de leur partenaire, de leurs enfants et du farniente. D'autant que les obligations domestiques ne cessent guère pendant les vacances et sont même souvent décuplées (valises à préparer, enfants à occuper, repas à gérer...). Quant aux personnes habituées au stress et à l'adrénaline de la vie professionnelle, et qui ont besoin d'adrénaline et d'agitation autour d'eux, elles se sentiront peut-être un peu déboussolées, irritables et anxieuses. Elles peuvent avoir du mal à supporter un rythme différent pendant les vacances, lorsqu'elles sont au calme. Quant aux personnes très investies dans leur travail ou dans leurs activités extra-professionnelles, elles peuvent avoir du mal à retrouver une vie de famille et une vie personnelle à plein temps.

D'autre part, si vous n'aimez pas changer d'environnement, le départ en vacances peut représenter une grosse source de stress et d'anxiété pour vous, car vous perdez vos repères habituels et le confort de la maison. C'est là que l'épuisement total peut se matérialiser.

Comment prévenir le burn-out estival ?

Pour partir en vacances dans un état moral et physique correct, il vaut mieux ne pas attendre le jour du départ pour ralentir le rythme... Être zen et reposé pendant les vacances se planifie. Alors n'attendez surtout pas vos 3 semaines de congé estival pour vous reposer et vous détendre.

→

Pendant l'année, octroyez-vous des pauses régulières consacrées à des activités tournées vers le bien-être et le plaisir.
Prenez soin de vous : apprenez à bien respirer et à méditer, cela vous aidera à gérer votre stress au quotidien.
Prenez du recul : si vous réinvestissez des domaines de votre vie que vous avez négligés, cela peut vous aider à trouver un bon équilibre entre votre vie privée et votre vie professionnelle.
Réservez-vous un sas de décompression : décaler votre départ en vacances de quelques jours afin de vous reposer avant de partir vous aidera à prévenir l'épuisement nerveux. Pourquoi ne pas préparer vos valises une semaine à l'avance, afin de pouvoir consacrer le week-end précédant le grand départ au repos total ?

LA DÉPRESSION AU MOMENT DE LA RETRAITE

Différents facteurs de dépression

La retraite peut provoquer des sentiments ambivalents. En effet, la retraite sonne la fin de la vie professionnelle, avec sa cohorte de contraintes et de fatigue. Mais elle signifie aussi la fin de la reconnaissance sociale procurée par le travail, la fin des horaires qui rythmaient la semaine et la fin de la socialisation apportée par le monde du travail. L'aspect administratif de la retraite peut également constituer un véritable problème pour certains et provoquer de l'anxiété. De plus, la retraite peut malheureusement occasionner la précarité. C'est la fin d'un cadre qui structurait votre vie et cela signifie que vous vous retrouvez à la maison toute la journée, avec votre conjoint, ou seul. Pour certains, c'est la perspective de l'ennui, du vide, du temps qui passe inexorablement, des problèmes de santé, voire de la mort, qui se dessine. Cette grande étape de la vie peut donc parfois provoquer une dépression.

Comment prévenir ce phénomène ?

Il faut absolument anticiper et vous préparer à ce changement de vie bien avant qu'il ne se produise. Cela vous permettra d'en atténuer les effets psychologiques négatifs. Ainsi, la phase d'acceptation aura déjà été anticipée et vous contrôlerez davantage la situation. Gardez en tête que cette étape de votre vie nécessite un temps d'adaptation et qu'elle doit être envisagée sous un angle positif. Vous n'êtes pas seul et désœuvré, vous êtes un jeune retraité dynamique et fort d'une longue expérience de la vie !

Faites ce qui vous plaît

Lorsque le moment de la retraite arrive, vous découvrez que l'un de ses avantages est de ne plus être dans la course à la performance et de ne plus avoir à prouver que vous êtes efficace. À présent, vous faites les choses pour vous-même. Vous pouvez prendre le temps de savourer les petits bonheurs quotidiens et de considérer la vie avec plus de légèreté. C'est le moment ou jamais d'oser entreprendre ce que vous avez toujours rêvé de faire (vous investir dans l'humanitaire, refaire la décoration de votre maison, voyager dans de lointaines contrées, passer du temps avec vos enfants et vos petits-enfants ou adopter une coiffure rock'n'roll). Vous pouvez faire ce qui vous plaît en oubliant les diktats ! Pourquoi ne pas vous tourner vers le monde associatif afin de vous sentir utile vis-à-vis de la société et de retrouver une vie sociale ? Lorsqu'on travaille toute la semaine et que le week-end est consacré à la logistique, à la famille et aux loisirs, on néglige parfois sa santé et on reporte certains soins à plus tard. À présent, vous avez l'occasion de programmer des rendez-vous consacrés à la santé et au bien-être, sans vous sentir tiraillé entre vos diverses obligations. C'est un autre avantage de la retraite.

Affirmez-vous

Toutefois, vos proches peuvent considérer qu'une fois retraité, vous êtes corvéable à souhait, car vous ne travaillez pas. Or, vous avez bien mérité de penser un peu à vous et de prendre du temps pour vous, sans vous sentir coupable. Si les contraintes génèrent chez vous du stress, pourquoi ne pas vous affirmer et apprendre à dire quelquefois non ? Il ne faut pas hésiter à vous faire plaisir et à vous traiter avec bienveillance. Consacrer le temps que vous souhaitez à pratiquer vos activités favorites et à ceux que vous aimez, c'est à présent possible, alors pourquoi vous en priver ?

Il n'est évidemment pas trop tard pour entreprendre de nouvelles activités, bien au contraire. De plus, si vous n'avez jamais appris à vous décontracter et à oublier vos vieux démons, c'est vraiment le bon moment pour vous détendre et devenir serein. Si vous restez actif et dynamique, mais sans vous imposer (trop) de contraintes inutiles, vous vous donnez les moyens de conserver l'esprit frais et alerte, et vous tenez la dépression à distance.

LA DÉPRESSION CHEZ LES FUTURES ET LES JEUNES MAMANS

Il existe une injustice liée au sexe biologique : les femmes seraient touchées par la dépression deux fois plus que les hommes. À cet égard, on peut accuser les changements hormonaux durant les cycles menstruels, la grossesse et la ménopause, mais sans certitude, car les mécanismes physiologiques de la dépression ne sont pas tous connus. On peut également invoquer certaines pressions sociales qui pèsent encore sur les femmes de nos jours. Cependant, on ne peut comptabiliser que les dépressions diagnostiquées. Comme les hommes ont plus de mal que les femmes à parler de cette maladie, il est possible que bon nombre de dépressions chez les hommes n'aient jamais été identifiées.

Parmi les dépressions féminines, on distingue notamment la dépression ponctuelle liée au syndrome prémenstruel, la dépression de la cinquantaine (associée à la ménopause), la dépression d'involution (associée à l'âge de la retraite), mais aussi la dépression post-partum qui suit l'accouchement et que nous allons maintenant voir plus en détails.

Le cas du baby blues

Le fameux baby blues est une courte période de déprime qui peut survenir dans les 10 jours suivant l'accouchement. C'est un état transitoire, qui survient chez deux femmes sur trois. Il se caractérise par des pleurs, par une hypersensibilité, par des sentiments d'inadaptation, d'incompétence, de perte, de tristesse et par des sautes d'humeur. Les femmes évoquent parfois le vide laissé en elles par la naissance de leur enfant, la nostalgie de leur grossesse, les kilos en trop qui subsistent et qui peuvent être difficiles à vivre, ou le mécanisme de l'allaitement, qui n'est pas toujours évident à mettre en place. Le séjour à la maternité peut aussi sembler inconfortable à certaines mères, qui ont hâte de regagner leur foyer ; alors que d'autres, au contraire, redoutent de quitter la maternité. Tous ces sentiments, mêlés aux modifications hormonales et à la fatigue post-accouchement, peuvent provoquer un baby blues. Celui-ci est vécu et surmonté de façon variable d'une femme à l'autre, selon leur sensibilité aux hormones, la façon dont elles ont vécu leur grossesse, leur confiance en elles et leur capacité de récupération. Il disparaît généralement spontanément, grâce au soutien et à l'affection de leur entourage.

gravité » par le corps médical, une jeune mère a besoin d'écoute et d'attention. Le simple fait de se sentir écoutée et comprise par une autre mère, une amie, une sage-femme ou son partenaire peut parfois suffire à rasséréner une femme sujette au baby blues.

Mais si celui-ci perdure, il doit être pris au sérieux et signalé à un médecin, car il peut déboucher sur une véritable dépression post-natale.

La dépression du post-partum

La dépression post-natale peut survenir dans le mois qui suit la naissance d'un bébé et même une année après la naissance, favorisée par l'accumulation de fatigue et de stress. Cette dépression se manifeste par un fort sentiment de culpabilité, une sensation d'inaptitude maternelle importante, une tristesse intense contrastant avec l'heureux évènement dont tout le monde se réjouit, par des ruminations autour de l'idée d'être piégée dans une situation sans issue, par des pleurs, un épuisement qui perdure, de l'anxiété et des crises d'angoisse.

Il semble que les dépressions post-natales soient de plus en plus fréquentes, ou alors, on en parle davantage qu'avant. Il faut dire que des pressions sociales pèsent sur les mères. Durant leur grossesse, il leur faut prendre un minimum de poids, continuer à faire du sport, à travailler et à avoir une vie sociale, comme si de rien n'était (ce qui n'est pas toujours évident à cause de la fatigue intense, des nausées ou/et des divers maux de grossesse). On entend et on lit partout que « la grossesse n'est pas une maladie ». Effectivement, c'est un «état», mais de ce fait, les maux de la grossesse sont parfois niés par ceux ou celles qui ne les ont jamais connus, alors qu'ils sont pourtant souvent très incommodants et qu'ils sont capables de gâcher une grossesse. Puis, les futures mères doivent faire des choix qui vont les catégoriser et souvent amener les autres à les juger (même si elles n'ont rien demandé) : accoucher avec ou sans péridurale, allaiter au sein ou au biberon, utiliser des couches lavables ou jetables, proposer des petits pots achetés dans le commerce ou préparés à la maison, etc. Tout ceci peut culpabiliser les femmes.

Les femmes enceintes n'obtiennent pas toujours d'informations et d'explications très précises quant au déroulé réel d'un accouchement, avec toutes les complications qui peuvent survenir. Aussi, le jour J, la réalité peut parfois les dérouter et les décevoir. Autrefois, les jeunes mères étaient entourées par leur famille. Il y avait toujours une mère ou une tante qui pouvait les aider, les conseiller et prendre le relais de temps en temps. Aujourd'hui, les familles sont dispersées et, une femme qui vient d'accoucher se retrouve fréquemment livrée à elle-même dès la sortie de la maternité, seule avec son nourrisson, d'autant plus si elle est mère célibataire. Or, il est important qu'une jeune mère puisse se confier à quelqu'un, sans être jugée, au sujet de son cheminement de maman, de ce qui la préoccupe et notamment de ses sentiments parfois ambivalents. Elle peut confier son expérience sur les réseaux sociaux, mais elle risque de s'y faire juger.

Toutes les injonctions, parfois contradictoires, à l'égard des mères peuvent être source de stress et d'anxiété pour toutes.

LE MÉCANISME DE LA DÉPRESSION DU POST-PARTUM

Plusieurs facteurs peuvent influencer l'humeur et provoquer le déclenchement d'une dépression post-natale.

Un organisme affaibli et sensible aux modifications hormonales

Tout d'abord, une femme qui vient d'accoucher a plus de risque de subir une dépression qu'une autre femme pour plusieurs raisons :

→

son organisme a été affaibli car, lors de sa grossesse, l'énergie, les nutriments et les sels minéraux ont été consommés en priorité par son bébé. Son corps subit de nombreuses modifications hormonales pendant la grossesse et après l'accouchement, ce qui crée parfois un déséquilibre. En effet, le taux de progestérone et d'œstrogène, qui était très élevé durant la grossesse, chute brusquement après l'accouchement. Or, toutes les femmes n'ont pas la même sensibilité aux modifications hormonales, bien au contraire. Ces changements hormonaux rendent certaines femmes particulièrement vulnérables face à la dépression.

Un accouchement compliqué

L'accouchement est un choc pour le corps. Les suites de couches peuvent être douloureuses et difficiles à vivre, et provoquer une fatigue intense. De plus, lorsque des complications surviennent et que leur accouchement ne s'est pas déroulé selon leurs souhaits, certaines femmes peuvent se sentir coupables et mettre du temps à s'en remettre.

Un retour à la maison parfois difficile

Le stress provoqué par les pleurs parfois incessants d'un bébé et par ses besoins sans limite est une source d'anxiété pour toutes les mères. Se retrouver seule à la maison avec un nouveau-né, sans aide et sans famille, ou avec un compagnon qui n'est pas très présent, peut être déstabilisant. Certaines femmes peuvent avoir le sentiment d'être prises au piège dans une situation sans issue. La fatigue due aux nuits sans sommeil modifie leur perception des évènements. De plus, certaines mères se sentent excessivement anxieuses vis-à-vis de la sécurité et de l'alimentation de leur enfant, culpabilisent beaucoup et craignent de ne pas être à la hauteur. D'autres ressentent une difficulté à s'attacher à leur bébé et ont besoin de temps et de soutien. Le bouleversement de la vie que

→

suscite la naissance d'un enfant peut faire écho à la propre histoire de la maman et faire ressurgir des souvenirs douloureux.
Enfin, si une jeune mère déprimée se heurte à l'indifférence de son entourage qui ne prend pas au sérieux son mal-être ou qui ne le comprend pas, cela crée encore plus d'angoisse.

D'autres facteurs peuvent favoriser la survenue d'une dépression post-natale
Une grossesse non désirée, un bébé né prématuré ou malade, une fausse couche préalable à la grossesse, des difficultés à allaiter, des problèmes de couple, un deuil, le chômage, ou encore une dépression antérieure à la grossesse ou survenue pendant la grossesse.

Mais, pas de généralités...
En dépit de la présence de ces facteurs, la joie d'accueillir un bébé et l'euphorie provoquée par l'ocytocine peuvent tout à fait désamorcer le mécanisme de la dépression. Le bonheur de former une famille, la fierté d'avoir donné naissance à un petit être humain, l'amour donné sans condition par le bébé et la chaleur d'un foyer peuvent venir effacer les blessures du passé et donner confiance en la vie. Pour les femmes sujettes aux dépressions récidivantes ou à la dépression chronique, la perspective de donner et de recevoir de l'affection chaque jour, et le fait de se décentrer de leurs ruminations habituelles afin de s'occuper de leur tout-petit peuvent modifier considérablement leur attitude. Devenir mères leur procure tout à coup un but et leur donne des responsabilités, qui peuvent certes faire peur, mais aussi les rendre fières et leur donner de la confiance en elles. De plus, la maternité est constituée de multiples tâches quotidiennes qu'il faut accomplir, quoi qu'il en soit, et qui les ancrent dans la réalité. Tout cela peut contribuer à éloigner le spectre de la dépression chez les personnes fragiles.

Comment prévenir la dépression post-partum ?

Prendre soin de soi pendant la grossesse

Tout d'abord, il est sage de ne pas céder à la mode de la « mummy-rexie » (la volonté de prendre le moins de poids possible durant la grossesse, au point de suivre un régime amaigrissant). Il vaut mieux opter pour un régime équilibré. Cela permet de ne pas se retrouver dénutrie après l'accouchement. N'hésitez pas à évoquer vos difficultés et vos sentiments auprès de votre sage-femme. Si vous vous sentez fragile, vous avez la possibilité de vous faire accompagner par un psychologue au sein de la maternité dans laquelle vous vous êtes inscrite.

Se préparer à toute éventualité

Vous préparer à l'imprévu et vous adapter sont de bons moyens de désamorcer la dépression. En effet, une naissance est un évènement naturel qui comporte une part d'imprévisible. Il est préférable de vous y préparer en vous rendant à des séances de préparation à l'accouchement (prises en charge par l'assurance maladie), en lisant des ouvrages spécialisés, en posant des questions précises à vos amies qui ont déjà accouché et en vous informant au sujet du déroulé de l'évènement et des complications qui peuvent survenir. Il est important de vous faire suivre régulièrement par un obstétricien ou une sage-femme (les visites du suivi de grossesse sont prises en charge par l'assurance maladie). Tout cela peut vous aider à anticiper la réalité d'un accouchement et des suites de couches, à mieux accepter l'idée que tout ne se déroulera peut-être pas exactement comme vous l'aviez rêvé et à être plus sereine. Quoi qu'il advienne, dans quelques mois, vous aurez votre bébé dans les bras et c'est bien cela le plus important.

Dans certaines agglomérations, il est également parfois possible de choisir entre la maternité publique, la clinique privée, la maison de naissance ou encore l'accouchement à domicile. Toutefois, quel que soit l'endroit où vous souhaitez donner naissance à votre enfant, un accouchement est souvent un compromis entre vos souhaits de future maman (consignés dans votre projet de naissance et énoncés le jour J à la sage-femme), la manière dont votre bébé se présente et les impératifs médicaux. Il est difficile d'imaginer précisément la façon dont vous réagirez face à la douleur et personne ne peut programmer la position exacte de votre bébé lors de l'accouchement.

Ne pas s'isoler

Après la naissance, si des problèmes se présentent, il vaut mieux ne pas vous isoler et chercher de l'écoute auprès d'un proche bienveillant et compatissant. Des lieux d'échange et d'écoute pour les nouveaux parents existent, comme la Protection maternelle et infantile (la PMI), la Maison des sources ou la Maison des parents. Vous pouvez vous y rendre en toute confiance afin d'échanger et de confier vos difficultés à un professionnel de la petite enfance, à un pédiatre ou à un psychologue. Se confier suffit parfois à désamorcer les inquiétudes et l'anxiété que vous pouvez ressentir face à votre nouveau-né, dont vous ne connaissez pas encore le fonctionnement.

Si vous faites le choix de l'allaitement au sein et que vous rencontrez des difficultés, vous pouvez trouver des associations prêtes à vous conseiller à tout moment (comme les conseillères de La

Leche League) ou certaines sages-femmes libérales spécialisées en allaitement.

Les bébés ne sont pas livrés avec leur mode d'emploi, mais bon nombre de problèmes quotidiens peuvent trouver une solution. Il suffit souvent de s'adresser à un interlocuteur bienveillant, qui a de l'expérience et qui ne vous juge pas.

Être patiente

Dans notre société où tout va très vite, savoir se montrer patiente et laisser du temps au temps est bénéfique pour prévenir la dépression post-partum. En effet, les trois premiers mois avec un nourrisson sont parfois difficiles et souvent épuisants pour tous les parents. De plus, tout changement de vie et de rythme nécessite une période d'adaptation. Mais, au fur et à mesure que l'on fait connaissance avec son bébé et que l'on s'habitue à sa nouvelle condition de parent et à ses nouvelles responsabilités, cela devient plus facile.

Être consciente des difficultés

La réalité de la maternité, avec la part d'abnégation qu'elle comporte, est parfois un peu éloignée de l'idée que les femmes s'en font au départ. La réalité peut être déconcertante. L'expérience maternelle comporte des moments difficiles, c'est une réalité, même si ces moments ne sont pas toujours relatés par les copines déjà mères, ni relayés par les réseaux sociaux comme Instagram... Pourtant, être consciente qu'il est normal d'être fatiguée les premières semaines, d'être parfois découragée, et savoir qu'un bébé pleure parfois beaucoup (et ne fait pas forcément ses nuits dès ses premiers mois) permettrait certainement de mieux appréhender les difficultés parentales et de relativiser.

Prendre du repos

Toutefois, même si vous êtes consciente que la maternité est parfois difficile et que vous n'êtes pas la seule à vivre cette situation, cela ne rend pas vos nuits sans sommeil moins fatigantes pour autant ! Il paraît donc indispensable pour vous de prendre du repos dès que cela est possible – pendant la sieste de bébé, par exemple – afin de tenir la dépression à distance. C'est la priorité du moment, avant le ménage et le reste.

Faire des petites pauses

Si vous acceptez l'idée de vous séparer de votre nourrisson pendant quelques heures, vous faire aider est une bonne option. Toutefois, toutes les mères n'ont pas les moyens ni l'envie de s'offrir les services d'une nounou ou d'une baby-sitter, et toutes n'ont pas la possibilité d'appeler leur propre mère à la rescousse. Aussi, il vous faut découvrir des astuces afin de trouver un peu de temps pour vous ressourcer. Ces temps de pause permettent de faire baisser la tension que toute mère peut ressentir et de revenir plus sereine vers son bébé. Par exemple, il existe désormais des instituts de beauté et de remise en forme qui incluent une garderie dans leurs locaux, vous permettant de vous octroyer une pause bien-être durant 1 heure ou 2, pendant que votre bébé s'amuse ou fait la sieste dans un lieu sécurisé, tout près de vous. Du reste, la halte-garderie est une structure publique tout à fait semblable à la crèche, qui accueille ponctuellement les bébés à partir de 4 mois durant une demi-journée ou une journée entière.

L'accueil en halte-garderie permet aux mères de se ressourcer, de se détendre en toute sérénité ou de rechercher un emploi, en sachant que leur bébé est parfaitement bien pris en charge par des professionnels de la petite enfance.

Comment soigner une dépression post-natale ?

La dépression post-natale peut apparaître rapidement après la naissance, mais aussi se déclencher 1 an après. Elle est favorisée par la fatigue accumulée et par un fort sentiment de culpabilité propre aux mères. Si vous êtes touchée par la dépression ou par des difficultés maternelles, consultez absolument un médecin et demandez de l'aide, car vous pouvez vous faire soigner.

- Un traitement médical peut considérablement vous aider et favoriser le maintien et la qualité de vos échanges avec votre bébé, qui sont très importants pour son développement. Bien qu'une toute petite quantité d'antidépresseur passe dans le lait maternel, il est possible d'allaiter votre bébé durant le traitement. Discutez-en avec votre médecin.
- Prenez du repos quand cela est possible. Dès que votre bébé s'endort, profitez-en pour vous détendre un peu ou pour faire une petite sieste afin de récupérer et d'avoir les idées plus claires. Les tâches ménagères peuvent attendre 1 heure ou 2. C'est votre santé qui passe avant tout.
- N'oubliez pas de vous préparer des repas équilibrés. Même s'il est compliqué de cuisiner en présence d'un nouveau-né qui requiert beaucoup d'attention, oubliez votre paquet de chips grignoté sur le canapé. Préférez un en-cas équilibré et préservez un vrai repas le soir, lorsque votre partenaire rentre à la maison. Pourquoi ne pas le solliciter et lui proposer de faire la cuisine pour vous ?

- Maintenez ou reprenez une activité physique afin d'éloigner vos idées noires. Sortez chaque jour et promenez-vous avec votre bébé en poussette, en écharpe ou en porte-bébé. C'est le moyen le plus simple pour bouger et prendre l'air, tout en étant proche de votre bébé. C'est important pour votre santé.
- Ne vous isolez pas. Par exemple, vous pouvez prendre des cours de yoga maman-bébé, qui vous permettent de partager une activité sympa avec votre bébé tout en rencontrant d'autres mamans. Vous pouvez également trouver des groupes de jeunes mamans. La PMI (Protection maternelle et infantile) organise, par exemple, des ateliers d'éveil gratuits pour les bébés et leurs mamans. Vous pouvez ainsi vous rendre dans un lieu adapté aux bébés, afin d'échanger agréablement avec d'autres mamans en congé maternité, dont la réalité du quotidien est probablement proche de la vôtre.
- Afin de favoriser les interactions avec votre bébé et de trouver du bien-être, vous pouvez pratiquer des massages sur votre tout-petit. Lui comme vous apprécierez beaucoup ce moment. Si vous ne savez pas comment procéder, là encore, la PMI propose des ateliers gratuits de massage pour les bébés.
- Le soutien psychologique est forcément bénéfique, alors faites-vous accompagner. Ainsi, vous pouvez vous tourner vers une thérapie cognitivo-comportementale ou intégrative, ou bien vers un groupe de soutien. Si vous n'avez pas la force physique ou psychologique de vous déplacer loin de chez vous, vous pouvez également recevoir la visite de bénévoles formés à l'écoute des jeunes mamans. Vous serez ainsi suivie à domicile et plus rassurée. La PMI, votre médecin ou même votre pharmacien peuvent vous informer et vous proposer des contacts.
- Des structures spécialisées existent, comme les unités mère-enfant dans les hôpitaux. Vous et votre bébé pouvez vous y faire aider. Vous y serez assistée, jour et nuit, pour les soins à donner à votre enfant. Vous pourrez vous reconstruire

et reprendre confiance en vous, tout en préservant la qualité de votre relation avec votre bébé.
- Accrochez-vous et reprenez confiance... La vie reprendra ses droits. Les choses s'arrangeront forcément pour vous et votre bébé.

LA DÉPRESSION CHEZ LES ADOLESCENTS

Crise d'adolescence ou dépression ?

Votre adolescent a un comportement qui laisse penser qu'il est atteint d'une dépression ? Son comportement fait peut-être partie de ce que l'on appelle « la crise d'adolescence ». Ce n'est pas pour rien que la puberté, cette période plus ou moins longue durant laquelle le corps et l'esprit se transforment sous l'effet des modifications hormonales et des attentes de la société, est appelée « l'âge ingrat ». Pendant cette période, il est naturel que votre adolescent réclame plus d'autonomie vis-à-vis de vous et qu'il se rapproche de ses ami(e)s, qui prennent alors une grande importance dans sa vie. Il cherche à affirmer sa personnalité sans encore vraiment savoir encore qui il est vraiment. Ce passage peut être plus ou moins douloureux pour lui et cela nécessite patience, attention et bienveillance de votre part. Mais si le mal-être de votre adolescent vous semble plus profond et durable, n'hésitez pas à consulter votre médecin, un pédopsychiatre, ainsi qu'un psychologue. Surtout, évitez impérativement de lui administrer vos propres antidépresseurs et anxiolytiques.

Quels sont les signes de la dépression chez un ado ?

Il n'existe pas un signe précis qui indique qu'un adolescent est dépressif. C'est plutôt un ensemble de signes et une rupture avec ses habitudes qui suggèrent un état dépressif chez un jeune. La fatigue et l'apathie sont des signes caractéristiques de l'adolescence pour certains jeunes. Mais lorsqu'elles sont associées aux troubles du sommeil et de l'appétit, à une tristesse inhabituelle et à une faible estime de soi, c'est beaucoup plus inquiétant. Dire qu'un adolescent est provocateur et insolent est presque un pléonasme. Mais s'il se montre également très irritable, anxieux, anormalement agité et s'il adopte des conduites à risques, il peut s'agir d'une dépression. La prise d'alcool et de drogue doit également vous alerter.

Si votre adolescent délaisse ses activités préférées, c'est un des signes de la dépression. Toutefois, si votre fille de 13 ans n'a plus envie de faire de danse classique, car cela ne l'intéresse plus, tout simplement, ce n'est pas grave. En revanche, si elle ne veut plus pratiquer la danse parce qu'elle ne veut plus voir ses copines, qu'elle se plaint de maux de ventre et que ses résultats scolaires sont en chute libre, c'est plus préoccupant et cela demande toute votre attention.

Internet et la dépression des ados

Les réseaux sociaux, et notamment le cyber-harcèlement, peuvent être des facteurs de dépression. Aussi, soyez aussi attentif aux échanges de votre adolescent sur Internet que vous l'êtes avec ses fréquentations et ses sorties dans la vie réelle. Sa vie sur Internet est une continuité de sa journée de collège ou de lycée.

S'il est victime de harcèlement à l'école, celui-ci est susceptible de se poursuivre le soir, par le biais des réseaux sociaux, et il risque même d'être amplifié.

Les grands adolescents et la dépression

Les grands adolescents, qui ont surmonté les affres de la puberté, ne sont pas non plus à l'abri de la dépression. La fin du lycée est une période importante pour un jeune et entraîne parfois une dépression, car elle signifie la fin de son adolescence et la mise en œuvre de choix cruciaux qui vont déterminer tout le reste de sa vie. Même s'il pourra toujours rebondir par la suite, c'est l'un des moments clés de l'existence où il vaut mieux ne pas se tromper dans son orientation. Les jeunes sont également confrontés à la compétition, à la pression et parfois à l'échec, à travers les examens, les concours et les listes d'admission, ce qui n'est pas toujours sans conséquence sur leur moral.

Pour beaucoup de jeunes, la fin du lycée signifie également le départ du cocon familial vers une résidence universitaire ou un logement d'étudiant, la perte de leurs repères et l'éloignement de leurs proches. Si les choses ne se déroulent pas comme ils l'avaient espéré, cela peut être très difficile à supporter. Quant à la fin des études supérieures, elle mène à une recherche d'emploi, qui n'est pas toujours aisée de nos jours, et à une vie d'adulte dans laquelle il peut être difficile de se lancer. Tout cela peut provoquer un passage à vide.

SVETLANA BENSIMON, PSYCHOLOGUE POUR ENFANTS ET ADOLESCENTS, RÉPOND À QUELQUES QUESTIONS.

Comment se manifeste la dépression chez les adolescents ?
Les signes qui doivent vous alarmer sont la baisse des résultats scolaires, le désinvestissement scolaire et l'absentéisme, le rejet des activités que votre adolescent aimait auparavant, la tristesse, le repli, l'isolement, la baisse de l'estime de soi, la rupture avec l'environnement familial et social, les troubles du sommeil, une forte perte de poids ou une forte prise de poids en peu de temps, les conduites à risque, l'automutilation, les scarifications et les tentatives de suicide.

Comment peut-on prendre en charge la dépression chez un adolescent ?
Un travail de collaboration entre psychologue et psychiatre est essentiel pour prendre en charge la dépression d'un adolescent. Le psychologue peut évaluer la gravité des signes dans un premier temps, mais le diagnostic de la dépression doit être effectué par un pédopsychiatre ou par un psychiatre. Ensuite, le psychologue intervient sur les idées suicidaires, sur le comportement de repli du jeune et sur ses émotions, en proposant une thérapie cognitive et comportementale. Travailler sur l'affirmation de soi permet de renforcer l'estime de soi. De plus, les techniques de relaxation se révèlent très efficaces, car elles facilitent l'endormissement et la distraction des pensées dépressives.

Une prise en charge médicamenteuse est-elle appropriée pour soigner la dépression d'un(e) adolescent(e) ?
Le psychologue doit orienter vers un psychiatre tout adolescent qui présente des idées suicidaires et qui risque de passer à l'acte.

→

Lorsque ces risques sont importants, la mise en place d'un traitement médicamenteux s'avère nécessaire. Parfois aussi, une hospitalisation est bénéfique.

Est-il important de consulter si son enfant présente des signes de dépression ?
La prise en charge de la dépression à l'adolescence par des professionnels, tels que les psychologues et les psychiatres, permet d'éviter que les troubles s'installent durablement et évoluent vers une dépression chronique à l'âge adulte.

LA DÉPRESSION DES AIDANTS

Les aidants sont les adultes en charge d'un proche handicapé ou victime d'une maladie invalidante. C'est un rôle particulièrement difficile et cela peut être source de dépression.

Être un aidant est un sacerdoce

La charge d'un aidant est lourde et elle entraîne fatigue physique et psychologique. C'est une grosse responsabilité qui est moralement coûteuse, car un aidant met sa propre vie de côté afin de s'occuper de son proche au quotidien : l'aidant coordonne les soins, il prépare ses repas, il prodigue attention, affection et écoute et il doit faire face à la détresse de son proche. Parfois, il doit même porter son proche et lui faire sa toilette. C'est un véritable travail à plein temps, qui nécessite des efforts physiques et psychologiques quotidiens. De plus, un aidant est parfois isolé, découragé, et il doit faire face à beaucoup de pression. En effet, il lui faut aussi prendre des décisions importantes concernant la santé de son proche, il fait face à sa souffrance et il assiste parfois à sa dégradation physique et psychologique.

Un aidant doit également gérer les périodes d'hospitalisation de son proche et son retour à la maison, qui ne sont pas toujours simples. Si des conflits avec son proche ou des membres de la famille surviennent, cela ajoute de la pression à la vie quotidienne. Être un aidant, c'est renoncer à quasiment tout le reste. Aussi, celui-ci peut, à juste titre, se sentir écrasé par le poids de ses responsabilités et être épuisé par son quotidien, qui ne lui réserve que peu, voire aucun moment agréable. Il peut, à juste titre, lui arriver de ressentir des sentiments ambivalents envers son proche et en avoir assez. Cela est tout à fait naturel, mais cela peut provoquer un sentiment de culpabilité qui s'ajoute à tout le reste.

Aménager du temps pour soi

Si vous êtes un « aidant », il est indispensable de prendre également soin de vous-même et d'avoir une soupape de liberté. Dans la mesure du possible, sollicitez de l'aide auprès des services sociaux, de l'assurance maladie et de la municipalité afin d'avoir recours à une aide professionnelle extérieure (une aide ménagère et/ou une aide thérapeutique) de façon ponctuelle ou permanente. De cette façon, vous pourrez bénéficier de moments de repos et de détente afin de vous ressourcer. Réservez-vous chaque jour 1 heure ou 2 afin d'aller faire une promenade, ou toute autre activité qui vous plaît, en dehors de la maison. Cela ne fait pas de vous un mauvais aidant, au contraire ! Prendre soin de vous-même vous permet ensuite de mieux vous occuper de votre proche. Les activités relaxantes en plein air, comme la marche en forêt ou le jardinage, sont bénéfiques pour vous, qui passez beaucoup de temps enfermé à la maison.

Savoir se préserver

La dépression peut survenir comme un signal, vous indiquant que votre organisme est à bout de ressources et ne peut plus faire face. Si vous êtes dans cette situation et si vous sentez que vous allez craquer, consultez un médecin. Un soutien psychologique professionnel peut vous être d'un grand secours. Cela peut vous permettre d'évoquer vos difficultés, de déculpabiliser, mais aussi d'identifier et d'accepter vos propres limites. Vous pouvez également, avec l'aide de votre thérapeute, identifier vos besoins, vos ressources et mettre en place une stratégie d'auto-assistance.

Renseignez-vous au sujet des groupes de paroles réservés aux aidants. Ils vous servent à échanger avec d'autres aidants et à vous confier sur ce quotidien difficile à imaginer si on ne l'a pas vécu. N'hésitez pas à évoquer vos sentiments auprès de personnes qui vous comprennent et qui ne vous jugent pas.

Par ailleurs, si votre proche souffre d'une dépression, sa détresse et sa souffrance peuvent également vous gagner. Or, une étude laisse envisager qu'une prise en charge de la dépression de la personne en difficulté est également bénéfique à son aidant et à sa qualité de vie. En effet, votre proche et vous partagez la même vie et la même communauté de destins. Ainsi, faire traiter sa dépression vous aidera aussi.

AIDER UN PROCHE EN DIFFICULTÉ

De la chaleur humaine

Si l'un de vos proches est touché par la dépression, vous pouvez lui apporter votre aide en faisant preuve de bienveillance, de gentillesse, de patience et d'empathie envers lui. Même si vous ne comprenez pas comment il est possible que celui-ci, d'ordinaire si jovial et si dynamique, se réveille chaque matin complètement morose et se traîne toute la journée. Vous vous faites probablement du souci pour lui, mais, s'il a besoin d'un peu d'air, ne l'étouffez pas. Signifiez-lui simplement gentiment que vous comprenez et que vous êtes là pour lui, s'il en a besoin.

Si jamais votre proche vous explique les raisons de son état et s'il exprime ses angoisses de façon répétitive, ne le jugez pas. Gardez en tête que, touché par la dépression, il se trouve affaibli physiquement et psychologiquement. Il n'est pas dans son état habituel et ce n'est pas de sa faute. Ce n'est sûrement pas le moment de le laisser tomber, ni de lui proposer de gros défis, comme participer à un marathon avec vous ou se rendre dans un endroit bondé et bruyant. Il appréciera sans doute davantage un cadre plus feutré et plus rassurant, ou que vous lui proposiez de sortir avec vous un moment pour marcher.

Votre chaleur humaine et votre présence peuvent aider votre proche dépressif. Entourez-le de votre affection et rassurez-le sur ses compétences et ses qualités, même s'il n'en croit pas un mot, car sa dépression altère sa perception de la réalité et ses pensées. Et si vous n'avez pas de conseils à lui donner (ce n'est de toute façon pas forcément ce que votre proche attend de vous), tâchez de rester positif et assurez-le qu'il s'agit d'un passage difficile à traverser, mais que son état s'améliorera grâce à des mesures thérapeutiques.

Toutefois, les personnes atteintes de dépression n'acceptent pas toujours qu'on les aide. Elles sont parfois gênées et peuvent avoir honte de ressentir des difficultés. Pourtant, à travers une conversation amicale, vous pouvez aider cette personne, ne serait-ce qu'en écoutant réellement ce qu'elle dit. Cependant, écouter votre proche de façon empathique n'est pas toujours facile, car il peut se mettre à pleurer, révéler des choses embarrassantes ou tenir des propos qui vous semblent incohérents. Aussi, si cela vous semble nécessaire, proposez-lui de l'accompagner chez le médecin ou chez un psychiatre, surtout si vous comprenez qu'il pourrait se mettre en danger. Restez d'autant plus attentif à son état s'il vous fait part d'idées noires et insistez en lui proposant de l'accompagner... Une tentative de suicide peut toujours survenir.

Le risque de suicide

La France détient le triste record du taux de suicide annuel en Europe, parmi les pays ayant des situations socio-économiques similaires. Le nombre de personnes décédées par suicide a même dépassé le nombre de personnes décédées dans un accident de la route. Même si tous les suicides n'ont pas pour cause une dépression, le risque de tentative de suicide en cas de dépression est réel.

Malheureusement, il n'y a guère de règles : une personne qui commet une tentative de suicide n'en parle pas toujours à ses proches auparavant. Et si elle en parle, elle peut ne pas être prise au sérieux. Elle peut aussi apparaître apaisée auprès de ses proches, juste avant de commettre l'irréparable, ou, au contraire, sembler particulièrement tourmentée et ruminer des pensées morbides. Enfin, la tentative de suicide peut être la conséquence d'un évènement en apparence anodin.

Si vous êtes inquiet au sujet du risque de suicide chez un proche touché par la dépression, restez vigilant. Prenez au sérieux ses menaces de suicide, car celles-ci ne sont pas toujours qu'une façon d'attirer l'attention sur son profond désarroi et sont parfois suivies d'un acte définitif. Si ses menaces vous semblent très inquiétantes, ne le laissez pas seul et essayez de le convaincre de se rendre aux urgences psychiatriques afin qu'il reçoive de l'aide, sans attendre. Si vous ne pouvez pas être auprès de lui, laissez-lui votre numéro de téléphone et enregistrez les numéros de téléphone des services d'urgence dans son portable. Faites en sorte de vider son appartement de tout ce qu'il pourrait utiliser dans un moment de désespoir : confisquez ses bouteilles d'alcool, ses drogues, ses produits détergents et ses médicaments (même le paracétamol en grande quantité est dangereux). S'il est sous traitement, le mieux serait de ne lui distribuer ses antidépresseurs et ses anxiolytiques qu'au compte-gouttes. Programmez une rencontre avec lui dès que vous le pouvez, afin de lui donner un but et de garder un œil sur lui.

Si cela n'a pas été déjà fait, enjoignez votre proche à consulter un médecin (ou les urgences psychiatriques) afin d'établir un diagnostic de sa dépression (ou d'une autre pathologie). Puis veillez à ce qu'il prenne convenablement le traitement qui lui aura été prescrit.

Toutefois, il n'est pas simple d'aider une personne qui a des pulsions suicidaires, surtout si cette personne refuse tout traitement. C'est une lourde responsabilité que vous n'êtes pas forcément en mesure d'endosser seul. Cette situation est très dure psychologiquement, car vous pouvez vous sentir impuissant, responsable et coupable de ne pas en faire suffisamment. Aussi, il serait préférable de vous faire aider par d'autres proches, qui pourraient vous relayer auprès de lui.

Chapitre 4

Les moyens de combattre la dépression

Je vous encourage vivement à vous engager dans un combat contre la dépression, car aujourd'hui, c'est une maladie qui se soigne et dont on peut guérir. Dans ce chapitre, je vous présente des méthodes qui vous permettront de vous soigner, mais également de prévenir les rechutes. Il est indispensable que vous utilisiez plusieurs moyens afin d'encercler votre dépression et de traiter ses différents aspects.

Je ne vous cache pas que le chemin sera long et difficile, mais il serait dommage de faire de votre dépression un mode de vie permanent. Il est préférable que vous envisagiez cette maladie comme ayant un début et une fin. J'en profite également pour souligner que l'alcool et la drogue n'ont jamais permis à quiconque de guérir de la dépression, ni même d'améliorer son état, bien au contraire. Croire que les paradis artificiels vont vous aider à guérir est un leurre...

Je sais que chercher ce qui est bon pour vous nécessite beaucoup de volonté et qu'il vous faudra fournir de gros efforts. Le temps de la guérison sera plus ou moins long... Mais si vous décidez de vous prendre en charge et d'être acteur de votre santé, c'est une marque de courage et de motivation qui marque vos premiers pas sur le chemin de la guérison !

CONSULTER UN MÉDECIN

Avant toute chose, consultez votre médecin, qui va établir un véritable diagnostic. Ne vous enfoncez pas dans votre nuage gris sans demander de l'aide. Évitez de rester seul et de vous murer dans le silence.

Déterminer l'intensité de la dépression

Vous rendre chez le médecin peut déjà vous procurer un mieux-être, car cela vous permet d'exprimer vos difficultés. Vous savez que vous vous prenez en charge et cela vous donne l'espoir de voir un jour la lumière au bout du tunnel. Le médecin va vous examiner afin d'éliminer la possibilité d'autres pathologies et il va poser son diagnostic. Déterminer l'intensité d'une dépression (ou d'un burn-out) n'est pas toujours simple, car tout le monde n'a pas les mêmes facultés pour s'exprimer, pour parler de ses sensations et pour décrire son ressenti. C'est pourquoi le médecin va vous poser des questions. Ensuite, il vous proposera peut-être de vous prescrire des antidépresseurs, voire des anxiolytiques.

Prendre ou ne pas prendre des antidépresseurs

La dépression d'intensité légère

Si vous souffrez d'une dépression d'intensité légère, elle peut être prise en charge sans antidépresseurs et votre médecin peut vous conseiller d'autres mesures thérapeutiques en première intention. Pour guérir, je vous conseille de vous tourner vers la psychothérapie, l'auto-assistance, le yoga et/ou les groupes de soutien. Je vous recommande également d'améliorer votre hygiène de vie (l'alimentation, l'activité physique, l'exposition à la lumière du jour, le contact avec la nature...). Cependant, même si votre dépression est de forme légère, la souffrance que vous éprouvez et vos symptômes sont bien réels. Vous ne devez pas sous-estimer ce type de dépression, car une dépression légère peut évoluer vers une forme plus sévère ou perdurer pendant plusieurs années.

La dépression d'intensité modérée à sévère

Si vous souffrez d'une dépression d'intensité « modérée » ou d'intensité « sévère », elle doit être sérieusement encadrée et soignée. La prise d'antidépresseurs est alors indiquée. Ne culpabilisez pas si vous êtes amené à vous soigner avec des antidépresseurs prescrits par votre médecin. Ils vous apporteront une aide grâce à leur action pharmacologique : ils vous aideront à chasser de votre esprit les idées noires, les ruminations et les divers symptômes psycho-somatiques qui sont souvent handicapants, que vous soyez seul ou en société. Ils favoriseront également le retour de votre sommeil. Cependant, les médicaments ne sont pas suffisants. Des études ont montré qu'associer les médicaments et une psychothérapie est efficace pour 80 % des malades.

Les bénéfices et les risques de ces médicaments

Il vaut mieux vous informer préalablement des bénéfices et des risques de ces médicaments. Ainsi, en fonction de la gravité de votre état, vous pourrez décider en toute conscience de commencer un traitement ou de vous tourner vers d'autres méthodes. Aussi, lorsque vous allez chercher vos médicaments à la pharmacie, lisez attentivement la notice afin de vous informer des effets secondaires possibles. Évitez impérativement de consommer de l'alcool pendant la période où vous prenez ces antidépresseurs.

L'action des antidépresseurs

Si le traitement que l'on vous a prescrit vous semble ne pas fonctionner et si vous ne constatez aucune amélioration de votre humeur dépressive, un autre traitement peut vous être proposé par votre médecin. Mais assurez-vous que vous avez pris correctement votre traitement pendant une période suffisamment longue. Comme les antidépresseurs n'agissent pas immédiatement, au début du traitement il y a toujours une période de latence durant laquelle vous ne ressentez pas l'effet du médicament. Au bout de 4 à 6 semaines, votre humeur doit se stabiliser et vous devez ressentir un réel mieux être. Sachez que, durant cette période de latence, votre état dépressif peut sembler s'aggraver. Il est alors indispensable de consulter votre médecin pour discuter avec lui de vos symptômes. De même, durant cette période de latence, il est utile de chercher un soutien psychologique et de vous faire accompagner.

Vous pouvez accompagner la prise d'antidépresseurs d'autres mesures thérapeutiques, que je vais décrire dans les chapitres suivants et qui viendront compléter le traitement.

UN POINT SUR

COMMENT AGISSENT LES MÉDICAMENTS ?

Les antidépresseurs et les anxiolytiques sont des psychotropes qui ont chacun une action très différente sur le cerveau. Les antidépresseurs, apparus dans les années 1950, ont permis à un grand nombre de personnes malades d'avoir une vie « normale ». Auparavant, la dépression était mal connue et il n'existait pas grand-chose pour la soigner, hormis l'internement.

Le cerveau est formé de milliards de neurones qui communiquent entre eux et sont activés grâce aux neuromédiateurs, des messagers chimiques. Parmi ces neuromédiateurs, la sérotonine, la noradrénaline, la dopamine, l'acétylcholine et le GABA sont impliqués dans la régulation de l'humeur. Les psychotropes agissent notamment sur ces neuromédiateurs : en augmentant ou en réduisant leur quantité. Ces médicaments permettent d'activer ou d'inhiber certaines zones du cerveau et agissent donc sur les émotions, l'humeur, les pulsions ou le sommeil.

Les antidépresseurs ont plutôt un effet activant. Ils visent à renforcer les émotions positives et à favoriser le retour d'un bon sommeil, permettant de traiter la dépression sur le plan chimique. La durée d'un traitement aux antidépresseurs s'envisage généralement sur une longue durée. Il en existe plusieurs types. Votre médecin vous recevra au minimum une fois par mois afin d'évaluer la tolérance et l'efficacité du traitement. Si, après quelques mois, vos symptômes sont stabilisés et si vous vous sentez renforcé, à l'aide de la psychothérapie et de ce que vous avez mis en place dans votre vie, petit à petit, il sera possible d'envisager un arrêt du traitement. Celui-ci doit s'effectuer sous stricte surveillance médicale, en suivant une diminution progressive de la posologie, afin d'éviter l'effet rebond et le retour brutal des symptômes.

Quant aux anxiolytiques, ils ont plutôt un effet inhibant et visent à calmer l'anxiété. Ils sont généralement prescrits pour une courte durée, si vous présentez des symptômes anxieux importants.

→

L'effet de l'anxiolytique est rapide, et sa durée d'action est de courte durée. Attention : les anxiolytiques ont un effet sédatif et ils déclenchent rapidement une dépendance. Aussi, il convient de les consommer avec modération et de ne pas les mélanger avec de l'alcool. Dès que l'effet du traitement antidépresseur est ressenti, il est raisonnable d'arrêter progressivement les anxiolytiques, qui n'ont plus leur place dans le bénéfice du traitement.
Dans un rapport récent, l'ANSM (Agence nationale de sécurité du médicament et des produits de santé) remarque une inquiétante augmentation de la prescription et de la consommation d'anxiolytiques en France. Enfin, vous pouvez accompagner la prise d'antidépresseurs d'autres mesures thérapeutiques, que je vais décrire dans les chapitres suivants et qui viendront compléter le traitement.

Les alternatives médicales aux antidépresseurs

Dans 5 % des cas, les patients ne sont pas réactifs au traitement par antidépresseurs. Il faut alors envisager d'autres moyens thérapeutiques. Certains patients qui se trouvent dans une grande détresse choisissent de se faire hospitaliser afin de ne plus être un danger pour eux-mêmes, le risque de suicide étant important dans les formes les plus graves de dépression...

Il existe d'autres moyens médicaux méconnus, auxquels les patients atteints d'une dépression grave et résistants aux antidépresseurs peuvent avoir recours. Certaines personnes se tournent vers la sismographie. Ce sont des électrochocs réalisés sous anesthésie générale, lors desquels un faible courant électrique est envoyé dans le cerveau afin de stimuler les neuromédiateurs. Mais il est vrai que cette technique peut effrayer !

Il existe également une technique récente appelée « TMS », ou « stimulation magnétique transcrânienne ». Cette technique correspond à une stimulation magnétique du cortex préfrontal qui augmente le nombre de neuromédiateurs dans le cerveau.

CONSERVER UNE VIE QUOTIDIENNE SAINE

Si une dépression vous a été diagnostiquée, vous êtes peut-être actuellement en arrêt maladie pour une dizaine de jours. C'est le moment pour vous de vous soustraire au stress professionnel, de prendre du repos, de rétablir vos priorités et de penser à vous. Or, vous vous sentez probablement au bout du rouleau, vous avez l'énergie d'une huître, tout vous stresse et vous n'avez aucune envie d'entreprendre quoi que ce soit. La dépression et le burn-out riment en effet avec absence de motivation, grosse fatigue, difficulté de penser correctement, et parfois avec crises d'angoisse. Ces symptômes ne facilitent pas votre vie quotidienne... Mais, comme vous savez qu'un arrêt maladie trop long peut entraîner un isolement social et favoriser le risque de chronicisation de la dépression, vous avez décidé de vous prendre en charge !

Un agenda bien rempli

Si vous êtes à la maison, je vous encourage beaucoup à instaurer un rythme au quotidien. Mes conseils vous semblent peut-être dérisoires et inutiles, mais ils constituent pourtant une véritable thérapie pour vous qui êtes déprimé. Ce programme vous permet de vous raccrocher au quotidien et de ne pas sombrer complètement dans le trou noir qui menace de vous engloutir et dont vous auriez encore plus de mal à sortir...

Le matin

Comment rythmer votre journée malgré votre manque de motivation et votre absence d'énergie ? Je vous assure que paresser au lit jusqu'à midi ne changera rien à votre état et ne fera que retarder le moment où il vous faudra affronter votre journée. Je vous conseille plutôt de vous lever chaque jour au plus tard à 9 heures, même si vous vous sentez épuisé, afin d'avoir le temps de vaquer à quelques tâches dans la matinée, et surtout afin de ne pas être complètement décalé par rapport à votre famille et au reste du monde. Si vous êtes fatigué car vous êtes sujet aux insomnies, il vaut mieux vous lever relativement tôt et faire une sieste après le déjeuner. Dès le réveil, ouvrez votre fenêtre et respirez longuement l'air frais. Cela vous aidera à dissiper vos angoisses matinales. Ensuite, foncez sous la douche. Si vous êtes très déprimé, prendre soin de vous vous paraît peut-être insurmontable, mais vous devez conserver un minimum d'hygiène corporelle et de respect de vous-même. C'est indispensable. Puis préparez-vous un petit déjeuner.

Ensuite, même si vous vous sentez fatigué et que les tâches ménagères ne vous transportent pas d'enthousiasme, essayez tout de même de mettre un peu d'ordre dans votre maison. La saleté et le désordre renforcent généralement le stress, le sentiment d'inutilité et le manque de motivation. Un espace de vie propre et sain est toujours plus agréable que des poubelles qui traînent et de la vaisselle qui s'accumule dans l'évier. Si vous avez du mal à terminer cela, ce n'est pas grave, vous pourrez vous y remettre dans l'après-midi. Cela constitue un objectif dans votre journée !

Il est important pour vous d'avoir des buts, mais également d'avoir une activité physique. En fin de matinée, essayez de sortir et de marcher un peu, pendant au moins 20 minutes. Fixez-vous un but précis, comme aller acheter le pain ou une boîte d'œufs. Même si vous vous sentez apathique, il vous faut profiter de la lumière du jour. Cela permet à votre cerveau d'enregistrer le signal du jour et ceci vous sert à lutter contre l'insomnie et les difficultés d'endormissement. De plus, l'air frais vous fera le plus grand bien.

Le midi

Tâchez de manger à des horaires réguliers et privilégiez les aliments sains, de préférence non transformés industriellement. Vous trouverez dans cet ouvrage un chapitre consacré aux aliments réputés pour leurs vertus « anti-déprime ». Certes, si vous vous sentez incapable de cuisiner, il est tentant de manger n'importe quoi, comme des chips ou un plat surgelé. De plus, préparer un petit repas simple mais équilibré est un peu contraignant, car cela sous-entend que vous devez sortir et vous rendre au marché. Mais c'est pourtant tellement bénéfique dans le cadre de votre thérapie ! Cela constitue un but en soi et c'est une prise en charge personnelle qui vous apporte les nutriments essentiels à votre moral. Si vous n'avez pas faim, efforcez-vous de manger au moins un petit quelque chose, comme un morceau de pain, des fruits secs, un fruit et un laitage. N'hésitez pas à vous reposer après le déjeuner.

L'après-midi et le soir

Lors d'une dépression ou d'un burn-out, le temps semble souvent s'étirer et les journées peuvent paraître interminables, car le manque de motivation, d'énergie et d'envie vous empêchent de vous occuper utilement et agréablement. De plus, votre perception du temps et du monde extérieur, ainsi que votre capacité à vous concentrer, ont certainement été altérées. Tous vos repères ont été perturbés et parfois, rien ne vous semble avoir de sens. Vous êtes probablement triste et prostré. Tout cela n'aide évidemment pas à passer à l'action... Toutefois, il y a des moments dans la journée où vous vous sentez un peu moins éteint. Saisissez donc chaque instant de regain d'énergie pour effectuer une activité nécessaire à la vie quotidienne, pour sortir ou pour communiquer avec un proche. Ne restez pas isolé trop longtemps, ce n'est pas forcément bon. Alors, utilisez chaque moment où vous vous sentez un peu plus en forme pour vous rendre au yoga, pour sortir le chien, pour jouer avec vos enfants ou pour rencontrer un proche bienveillant. Même si ce n'est qu'un court moment, c'est mieux que rien du tout.

Puis le moment de la préparation du repas arrive. Il constitue encore un but vers lequel tendre.

Votre vie quotidienne est ainsi rythmée par les objectifs à remplir et par les tâches à effectuer, même sans réfléchir et de façon automatique.

C'EST
MOI
LE
CHEF

Retrouver le sommeil

La déprime, la dépression et le burn-out provoquent souvent des troubles du sommeil. En cas d'insomnie, n'hésitez pas à vous lever pendant une demi-heure, à boire un verre d'eau, à lire un peu, à effectuer quelques exercices de relaxation, puis à retourner vous coucher. Il vaut mieux essayer de vous détendre, de vous relaxer et tenter à nouveau de trouver le sommeil, plutôt que de laisser s'installer un rythme de sommeil complètement anarchique. Certaines personnes peuvent ainsi prendre l'habitude de vivre la nuit et de dormir pendant la journée, ce qui n'est pas la meilleure façon de régler des problèmes d'insomnie, ni de soigner une dépression.

Si vous êtes sujet à l'insomnie, ces quelques gestes simples peuvent vous aider à retrouver le sommeil :

- Aérez chaque pièce de votre maison, et notamment la chambre, au moins 10 minutes par jour. C'est le strict minimum et c'est indispensable afin de renouveler l'air.
- Exposez-vous quotidiennement à la lumière du jour, cela permet à votre corps de profiter d'un signal d'éveil et de savoir qu'il fait jour. Lorsque la nuit tombera, votre organisme saura davantage basculer « en mode sommeil ».
- Consommez des glucides complexes lors du dîner (pâtes, riz...), évitez l'excès de protéines, et surtout ne jeûnez pas, sous peine de vous réveiller affamé en pleine nuit.
- Bannissez le café, le thé et toute boisson excitante après 16 heures.
- Éteignez vos écrans 1 heure avant votre coucher et évitez de dormir avec votre portable... Cela vous aidera à combattre l'insomnie en vous évitant la tentation de répondre aux messages tardifs ou nocturnes qui nuisent à votre endormissement et vous réveillent. De plus, sachez que la lumière bleue émise

par les écrans est proche de la lumière du jour et reproduit le signal d'éveil vis-à-vis de l'organisme. Cela perturbe le bon déroulé de vos cycles de sommeil. Équipez-vous d'un réveil pour savoir l'heure qu'il est.

- Faites en sorte de vous lever et de vous coucher aux mêmes heures, pendant la semaine et le week-end, afin d'avoir des cycles veille-sommeil réguliers.
- Essayez de faire la sieste entre 13 heures et 15 heures, lorsque cela est possible, cela ne nuit pas à votre endormissement du soir, au contraire, cela peut même améliorer la qualité de votre sommeil.
- En fin de journée, adoptez le rituel de relaxation qui vous convient (bain, douche, visionnage de séries...).
- Instaurez un rituel du coucher, comme lire un livre, une bédé ou un magazine avant de vous endormir, même si vous avez du mal à vous concentrer. Mettez-vous au repos dès que vous sentez poindre les premiers signes de l'endormissement (comme les bâillements, les picotements, l'assoupissement...). Il est important de ne pas manquer ce cycle de sommeil.
- Respirer des huiles essentielles de lavande, de bergamote, de mandarine, de géranium ou d'orange douce peut aider à vous apaiser avant le coucher. Ces huiles essentielles sont utilisables grâce à un spray ou à un diffuseur.
- Le médecin vous prescrira peut-être des anxiolytiques ou des somnifères pour vous aider à dormir, mais il faut savoir se montrer très raisonnable avec ces substances qui déclenchent rapidement une accoutumance. Il vaut mieux apprendre à vous en passer le plus vite possible.

MES CONSEILS DE PSYCHOLOGUE

Si vous vous sentez déstructuré et très fragilisé par la dépression, placez votre esprit et votre corps en « pilotage automatique ». Même si vous n'avez pas d'envie, pas de motivation et pas d'énergie, ne vous posez pas de questions et obligez-vous à effectuer quelques tâches de la vie quotidienne. Lorsque l'âme est engourdie, il est primordial de ne pas perdre le contact avec la réalité et avec la vie quotidienne. À ce stade, cela fait partie intégrante de votre thérapie. Si vous vivez seul, cela vous permet de conserver un cadre de vie correct. Et cela évite en partie que votre entourage ne soit trop perturbé.
Si tout n'est pas fait dans la journée, ce n'est pas grave, vous pouvez vous y remettre le lendemain. Toutes les petites choses que vous entreprenez vous aident à sortir de votre dépression.
Si vous présentez des symptômes anxieux, tels que l'agoraphobie et/ou la phobie sociale, et que vous n'êtes pas en arrêt maladie, essayez de vous faire accompagner jusqu'à votre travail par une personne bienveillante, et allez faire vos courses alimentaires avec un proche. Chaque petit pas est une victoire sur la dépression et vous permet de ne pas vous isoler complètement. Courage... Accrochez-vous, vous êtes au début du chemin, mais vous êtes sur la bonne voie.

L'AUTO-ASSISTANCE

Vous pouvez participer pleinement au traitement de votre dépression en prenant des mesures d'auto-assistance constituées de tout ce que vous entreprenez par vous-même pour vous sentir mieux. Chaque situation est unique, la souffrance psychologique d'une personne est toujours particulière. Aussi, je ne souhaite pas exposer de généralités, mais j'espère que, parmi ces quelques conseils et ces pistes de réflexions, certains vous sembleront adaptés à votre situation et vous aideront à cheminer.

Ciblez les comportements qui ont changé

Votre dépression a probablement altéré votre mode de vie. Vos comportements quotidiens s'en ressentent. Vous constatez que certains actes sont devenus de telles contraintes par rapport à votre état physique et moral que vous ne les accomplissez plus. Cela accentue votre sentiment d'être inadapté et inutile. Or, vous pourrez agir sur ces comportements, petit à petit, mais vous devez tout d'abord les identifier et évaluer leur difficulté.

- Essayez de répondre à ces quelques questions (cette liste de questions n'est pas exhaustive). Qu'est-ce qui a changé depuis que vous souffrez ? Vous avez du mal à vous lever ? Vous n'allez plus travailler ? Vous ne vous rendez plus à la salle de gym ? Vous n'appelez plus vos amis ? Vous faites la tête à votre conjoint(e) ? Vous ne lisez plus ? Vous n'avez plus aucun loisir ? Vous ne prenez plus soin de vous ? Vous ne faites plus la cuisine ? Parmi ces comportements, certains sont des actes que la plupart des gens doivent accomplir au quotidien, d'autres sont des activités plaisantes tournées vers le bien-être et le plaisir (ces deux catégories ne sont ni figées ni exclusives). Notez tout ce qui vous concerne.
- À côté de chaque comportement, notez les sentiments qui vous animent par rapport à cet acte et le degré de difficulté. Vous semble-t-il facile, compliqué ou impossible à réaliser ? En avez-vous un a priori positif ou négatif ?
- Enfin, notez ce que vous souhaiteriez accomplir. Quels buts aimeriez-vous atteindre ?

Vous pouvez créer un tableau à trois colonnes.

- colonne 1 : le comportement à restaurer ou à ne pas reproduire ;
- colonne 2 : vos sentiments par rapport à ce comportement et son degré de difficulté ;
- colonne 3 : votre objectif par rapport à ce comportement.

Cette petite liste de comportements est un bilan qui vous sert à établir une liste d'objectifs à réaliser au fil du temps, ainsi qu'à faire le lien entre vos comportements, vos émotions et vos pensées négatives. Toutefois, vous réaliserez peut-être que certains de vos comportements, comme vos comportements autodestructeurs ou vos blocages, ne vous correspondent plus et ne méritent pas d'être réinstaurés (pour votre bien). Au contraire, de nouveaux comportements positifs, comme des activités plaisantes et des actes qui sont bons pour vous, peuvent être introduits dans votre liste à titre de buts à atteindre. C'est tout le but de cette liste !

Essayez d'effectuer cet exercice

Afin de parvenir à reprendre le cours de votre vie, vous pouvez vous focaliser sur un comportement en particulier, comme « je ne prépare plus les repas » ou « je ne sors plus marcher dans le parc ». Tentez de modifier progressivement ce comportement, même si cela vous demande un gros effort. Cela nécessitera de sortir de votre prostration, de combattre l'idée selon laquelle vous ne seriez plus bon à rien, de lever vos blocages et de vous concentrer sur cette tâche. Ne perdez pas courage. Si vous ne parvenez pas à marcher plus de 5 minutes aujourd'hui, vous y parviendrez demain ou après-demain. Chaque petit acte peut sembler anodin et anecdotique, mais il représente pourtant un gros progrès pour une personne déprimée : cela améliore votre sentiment d'efficience, votre confiance en vous et votre impression de contrôler les évènements. Cela vous aide à ressentir à nouveau des émotions positives. Lorsque vous vous sentez un peu plus motivé et un peu plus solide, tâchez de planifier plusieurs activités sur une demi-journée, puis sur une journée. Tout cela produit un cercle vertueux.

Ensuite, lorsque vous aurez retrouvé un peu de votre forme physique et psychologique, vous pourrez essayer d'accomplir une mission un peu plus élaborée, comme lire un roman, ou vous inscrire à la chorale et vous y rendre.

Examiner ses schémas de pensée

Un schéma de pensée est un mécanisme presque automatique qui vous amène à penser toujours de la même façon, dans une situation donnée. Un mécanisme de pensée produit souvent un comportement type. Chez une personne déprimée, les schémas de pensées sont souvent un assemblage de pensées orientées vers le négatif, le pessimisme, la dévalorisation, la victimisation, le drame, une faible estime de soi, le découragement et parfois le désespoir. Par exemple : « je ne termine jamais rien », « je suis nul », « les autres sont plus intéressants que moi », « je n'y arriverai jamais », « ça ne sert à rien » ou « je ne vaux rien ».

Votre assemblage de pensées négatives vous semble probablement très logique, mais, si vous interprétez toujours les situations sur la base d'un à-priori négatif, votre raisonnement est certainement biaisé. Vous vous convainquez ensuite de certaines choses, même si elles sont rationnellement inexactes.

Les schémas de pensée ne sont pas une fatalité. Vous n'êtes jamais obligé de réagir exactement de la même façon dans une situation donnée, ni de foncer dans des situations dont vous savez pertinemment qu'elles ne vous mèneront nulle part, hormis à l'échec et à la déprime. Il n'est pas toujours facile de remettre en question ses certitudes. Pourtant, au prix d'efforts quotidiens, il est possible d'identifier et d'interroger ses idées préconçues. Si vous constatez que vos schémas de pensée sont devenus toxiques et qu'ils ne vous conviennent plus, pourquoi ne pas tenter de les modifier?

EXERCICES

Essayez d'effectuer ces exercices

- *Repérez tout d'abord vos pensées négatives lorsqu'elles surgissent (par exemple : « je ne termine jamais rien », « je suis nul », « les autres sont plus intéressants que moi » et « je ne vaux rien »). Notez-les sur un carnet. Notez également le moment et les circonstances dans lesquelles ces pensées négatives surviennent, ainsi que les personnes en relation avec celles-ci.*
- *Ensuite, essayez de réfléchir à chaque pensée négative et envisagez tous les aspects de la situation avec objectivité, sans noircir le tableau à tout prix. Par exemple, qu'est-ce que vous n'avez pas terminé, et pourquoi ? Pourquoi dites-vous donc que vous êtes nul ? Qu'est-ce que les autres ont de plus que vous, et dans quelles circonstances ? Quels sont vos atouts dans le cadre de cette situation ? Quelle est la part de hasard et la part de choix personnel dans cette situation ? Ensuite, essayez systématiquement de voir les aspects positifs de la situation. Je sais que ce n'est pas facile pour vous, mais cela va vous aider à relativiser, à évoluer dans votre réflexion et à reprendre confiance en vous et en la vie.*

› Repérez également vos tics de langage. Vous réalisez peut-être que vous employez des termes négatifs et péjoratifs pour parler de vous et des évènements en général.
› Vous pouvez également faire le lien entre vos pensées négatives et la liste de vos comportements à réinstaurer (ou à éliminer).

Je sais bien que ce travail de décorticage est un peu laborieux, mais il est indispensable pour cheminer vers plus d'objectivité et plus d'optimisme. Cela vous aidera à combattre votre sentiment d'impuissance vis-à-vis de la dépression : non, vous n'êtes pas impuissant, au prix d'efforts quotidiens, vous pouvez modifier votre façon de voir les choses. Vous pouvez aussi accomplir ce travail avec un psychologue, si vous ne parvenez pas à le faire seul.

En quoi ce travail peut-il vous aider ?

- Cela vous permettra de remonter le fil de votre histoire personnelle, de discerner vos véritables motivations et de dénouer certains nœuds.
- Cela vous servira à mieux vous connaître, à vous renforcer et à remplacer vos vieux mécanismes de pensées par des schémas plus constructifs pour vous-même.
- Cela vous permettra de faire des choix différents dans le futur et d'éviter de vous trouver à nouveau dans les mêmes situations déprimantes et sans issue.
- Cela vous aidera probablement à éliminer une bonne partie de vos comportements répétitifs et inadaptés, ceux qui finissent par vous blesser et qui vous mènent immanquablement à la déprime.
- Cela vous aidera à sortir de la dépression, puisqu'une des principales caractéristiques de la dépression est de déposer un

filtre négatif déformant sur vos pensées et sur les évènements en général. Vous êtes justement en train de décoller ce filtre.

Faire votre introspection

Faire une introspection signifie que vous réfléchissez aux évènements que vous avez vécus. Vous tentez de comprendre par vous-même pourquoi cette dépression est apparue. Il s'agit de vous confronter aux évènements de votre passé, d'essayer de dénouer des nœuds, de trouver du sens, d'établir des liens entre les évènements, parfois de remettre en question vos croyances ou d'accepter certains événements.

La réflexion et l'introspection peuvent vous permettre de comprendre la ou les causes de votre dépression, et d'envisager une autre lecture de la situation qui l'a provoquée. Par la suite, vous pourrez décider de vous adapter à cette situation, ou de réfléchir à des changements qui pourraient vous aider à vous sentir mieux. Il est cependant nécessaire d'avoir suffisamment de recul sur les évènements et d'être en mesure de faire preuve d'objectivité. Cela n'est pas toujours simple !

Vous plonger dans vos souvenirs, proches ou lointains, est certainement douloureux pour vous, mais cela peut vous aider à guérir. En quoi tout cela peut-il vous aider à améliorer votre état dépressif ? Il est difficile de répondre à cette question sans énoncer des généralités qui ne correspondraient pas forcément à votre histoire et à votre vie. Vous avez votre propre histoire et votre parcours est unique. Cependant, si vous prenez conscience que vous avez mal vécu un évènement de votre vie, ou bien si vous reconnaissez que vous êtes toujours en conflit avec un proche et que vous le supportez mal, ou encore que vous n'avez pas fait le deuil d'une relation, c'est une étape importante dans votre processus de guérison. Mettre des mots sur des maux fait souvent du bien.

Essayez d'effectuer cet exercice

Essayez de réfléchir de façon objective. Peut-être allez-vous vous remémorer un évènement ou une suite d'évènements qui vous auraient fragilisé et qui auraient pu constituer la source de votre dépression ? Peut-être allez-vous repérer et identifier un mode de pensée et un comportement que vous répétez encore et encore, sans en avoir vraiment conscience ? Peut-être allez-vous réaliser que des problèmes demeurent non résolus dans votre esprit (des contradictions, des remords, des regrets, un choc psychologique, etc.) et qu'ils vous affectent encore, tout comme ils affectent vos choix ?

Toutefois, j'attire votre attention sur le fait que, pour certaines personnes, le déni et l'oubli sont des mécanismes de défense permettant de les protéger d'un plus grand désarroi. Tout le monde n'a pas besoin de se souvenir en détail d'un évènement terrible pour aller mieux. Même si une dépression indique fréquemment qu'il est temps de régler certaines choses d'une façon ou d'une autre, il faut se sentir prêt pour se remémorer un évènement traumatisant. Personne ne peut vous obliger à l'évoquer, et surtout pas un psychologue ou un psychothérapeute. Celui-ci doit faire preuve de tact, de sensibilité et de discernement.

“ *Prenons l'exemple d'Anne-Laure qui traverse une dépression et une période de remise en question.*

Anne-Laure est affectée par ses relations amicales, qui se terminent régulièrement par des disputes. Ce n'est pas son seul problème, mais tout cela est suffisamment contrariant pour participer à son état dépressif. Anne-Laure se dit qu'elle ne tombe que sur des gens qui ne la méritent pas. Pourtant, au fil de sa réflexion, elle prend peu à peu conscience qu'elle est souvent très exigeante et exclusive avec les autres. Elle réalise qu'elle manifeste sa jalousie de façon inappropriée et que cela gêne, voire effraie, certaines personnes. Elle se demande donc si le manque affectif qu'elle ressent depuis son enfance a un lien avec ce comportement vis-à-vis de ses amis. Elle en conclut que son manque affectif génère un sentiment d'insécurité qui la pousse à se comporter de façon trop exclusive et exigeante auprès de personnes qui désirent justement conserver une certaine indépendance en amitié. Elle décide alors de soigner ses blessures d'enfance et d'essayer de faire la paix avec son passé. Elle apprend à faire la part des choses afin de retrouver des relations plus équilibrées, et elle fait désormais attention à ses débordements vis-à-vis de ses amis. Elle sait que cela prendra du temps, mais elle pense que ce cheminement lui sera profitable dans tous les aspects de sa vie et que cela l'aidera à sortir de la dépression. ”

Retrouver l'espoir

Si votre dépression est causée par l'impression d'être piégé dans une situation qui vous semble inacceptable, insoluble et inéluctable, vos possibilités d'action vous paraissent probablement inexistantes et vos ressources sont peut-être épuisées. Cela vous mène à une perte de motivation et peut-être au désespoir. Alors, comment pouvez-vous prendre conscience que la situation est grave, mais pas forcément désespérée ? Il vous faut prendre du recul. Parlez-en avec un proche bienveillant ou avec un psychologue, afin qu'il vous aide à réaliser que votre situation présente d'autres aspects certainement plus positifs. Puis il vous faut réfléchir à une évolution possible de la situation et à des solutions concrètes (ou à un compromis). C'est ce qui vous permettra de retrouver l'espoir, ne serait-ce qu'une lueur d'espoir à laquelle vous pourrez vous raccrocher et que vous pourrez faire fructifier. D'autres stratégies possibles existent : elles consistent à accepter la situation telle qu'elle est, à relativiser et à en prendre votre parti ou alors à prendre de la distance et à décider de passer à autre chose.

MES CONSEILS DE PSYCHOLOGUE

Vous pouvez toujours vous poser ces simples questions : quels sont les aspects de votre vie qui ont contribué à provoquer et à alimenter votre dépression ? Que pouvez-vous changer dans votre vie pour être plus heureux ? Après ces interrogations viennent d'autres questions : ces changements sont-ils réalisables ? Serez-vous en accord avec vos principes si vous décidez de changer ce qui ne vous rend pas heureux ? Quelles sont vos priorités ?

Exprimez vos émotions

Même si vous avez l'impression de ne plus rien ressentir et que vous semblez émotionnellement prostré, il est indispensable de vous délivrer de vos émotions négatives refoulées, telles que la colère, le ressentiment, la jalousie, la douleur, le manque affectif ou la peur... Laissez-les éclater à la surface, au lieu de les laisser vous ronger de l'intérieur... Ce processus peut prendre un certain temps, mais il est très libérateur et il peut vous aider. Comment le mettre en œuvre ? En verbalisant et en parlant. Exprimez-vous et mettez en mots votre ressenti. Pour cela, il vous faut trouver une oreille compatissante parmi vos proches, ou vous adresser à un professionnel.

EXERCICES

Essayez d'effectuer cet exercice

Nommez précisément vos émotions. C'est un moment crucial dans le processus thérapeutique, car c'est probablement à ce moment-là que les émotions vont réapparaître de nouveau. La peine, la tristesse, la colère, les regrets, la culpabilité, la nostalgie, la peur... toutes ces émotions refoulées vont ressurgir de vos souvenirs. Elles sont parfois pénibles à ressentir et à exprimer, mais elles font de vous un être humain. De plus, vous sentir pleinement écouté vous fera du bien. Pleurez sans honte si vous en ressentez le besoin. C'est également un bon moyen de vous vider des sentiments douloureux.

De plus, pensez à tenir un journal de vos émotions de la semaine, accompagnées des circonstances dans lesquelles elles sont survenues, ainsi que de leur intensité (par exemple : appréhension légère, moyenne, forte ou intense). Notez également vos émotions positives. Ce travail peut servir de base à un échange avec un psychologue.

Si vous en avez la force (et l'envie), pratiquer un sport qui défoule et qui nécessite d'être offensif permet d'utiliser la rage et la tristesse que vous ressentez. C'est une autre façon de vous vider de vos émotions négatives. Toutefois, les personnes déprimées n'ont pas forcément l'énergie de pratiquer un sport intense. Aller au cinéma, lire un roman ou aller au théâtre ou au spectacle permet également de vivre des émotions intenses par procuration.

Reprenez confiance. Petit à petit, vos émotions positives prendront le pas sur vos émotions négatives.

Stop aux auto-fictions

Toutefois… vous libérer de vos sentiments négatifs ne signifie par les ressasser de façon morbide. Si vous êtes déprimé, les « auto-fictions », autrement dit les « films dont vous êtes le héros » et que vous vous projetez à vous-même, sont probablement dramatiques et ont peut-être une issue tragique. Ces auto-fictions mènent parfois à une crise de larme ou à une humeur morose qui dure plusieurs heures. Elles participent à un climat de tristesse, auquel vous cherchez justement à échapper.

Si votre but est de sortir de votre état dépressif, bloquez le processus immédiatement, dès que vos pensées s'égarent et que vous vous mettez à divaguer. Par exemple, il est parfaitement inutile de passer 1 heure à écouter des chansons tristes en imaginant la tête que feront les gens à votre enterrement...

Ces étapes permettent de passer à l'étape suivante : comment régler le problème que vous avez identifié ? Faut-il enfin accepter la situation ? Faut-il l'envisager sous un jour nouveau ?

Donnez du sens

L'étape suivante consiste à comprendre les pensées et les émotions négatives que vous avez verbalisées, à leur donner un sens et à envisager les évènements de façon plus objective.

Cette étape nécessite encore de raconter vos pensées et vos sentiments à une oreille compatissante et bienveillante. La verbalisation a une valeur thérapeutique : ce qui est à l'extérieur n'est plus à l'intérieur ! Cela vous permet également de bénéficier d'un point de vue extérieur. Et cela vous permettra peut-être de faire la paix avec vos souvenirs.

Utilisez les listes que vous avez établies :
- la liste de vos comportements à réinstaurer ou à éliminer ;
- la liste de vos pensées négatives : le moment et les circonstances dans lesquelles elles ont surgi, ainsi que les personnes en relation avec ces pensées ;
- la liste de vos réactions émotionnelles et leur intensité.

Si vous vous en sentez capable, vous pouvez créer un tableau regroupant les situations, les pensées négatives, les émotions et les comportements, comme ci-dessous. Grâce à vos listes et à ce tableau, vous disposez d'une vision globale de vos pensées et de vos émotions négatives, en fonction des situations.

Situation et circonstances	Émotions	Pensées négatives	Comportements à éliminer ou à instaurer
Ce matin, j'ai échangé quelques mots avec mon voisin.	J'étais mal à l'aise et gêné.	Je me sentais nul et inadapté. J'avais l'impression de dire des idioties sans intérêt.	À instaurer : • Me féliciter d'avoir eu un comportement sociable (bravo, c'est positif !). • Essayer de voir l'aspect positif de la situation. • Me dire que ce n'est qu'un échange courtois entre voisins, rien de plus ! Après tout, on échange toujours des banalités entre voisins. À éliminer : • Cesser de me dévaloriser. • Prendre moins les choses à cœur. • Être plus détaché du regard des autres et de ce qu'ils peuvent penser.

Pour chaque situation, tâchez d'accomplir un travail de « décorticage » consistant à analyser les situations et à être plus objectif, même si vos pensées dépressives vous poussent systématiquement à voir l'aspect négatif en tout. Vous avancez ainsi pas à pas, en analysant chaque situation et en vous fixant des petits objectifs.

Ce travail peut être accompli avec un psychologue, si vous ne parvenez pas à le faire seul.

Lors de votre travail de décorticage, demandez-vous pourquoi vous avez ces émotions et ces pensées négatives. Vous avez aussi la possibilité d'établir des liens et de donner du sens à vos actes, à vos pensées et à vos émotions. En effet, même s'ils sont le résultat du filtre déformant de la dépression, vous allez peut-être découvrir qu'ils font écho à un souvenir douloureux. Or, il est parfois nécessaire de revenir plusieurs fois sur un sujet afin de l'exorciser, puis de décider que ce sujet n'est plus toxique et qu'il peut être intégré de manière neutre et sans affect, ou même de manière positive.

Il existe plusieurs façons « d'intégrer » un souvenir dans votre esprit, de manière neutre ou positive. Vous allez peut-être faire la paix avec la personne qui vous a blessé, ou bien reconnaître que tout n'était pas si négatif dans votre précédent job et que vous en avez tiré un enseignement. Vous allez peut-être tout simplement effacer l'expérience négative de votre esprit et effectuer un « solde de tout compte ». Votre objectif est de retrouver votre paix intérieure.

Un jour, vous pourrez repenser à cet évènement problématique pour vous, sans souffrir ni nourrir d'amertume et de pensées très négatives. Même si vous avez vécu un évènement difficile que vous n'oublierez probablement jamais, vous réaliserez un jour que vous êtes capable de classer cet évènement dans un dossier de votre mémoire. Vous constaterez alors que ce souvenir douloureux n'affecte plus votre vie actuelle, du moins, plus autant ! Un beau jour, vous réaliserez que la vie est trop précieuse pour être ternie par un vieux souvenir. Cet évènement deviendra un simple fait, presque un « non-évènement », qui n'empoisonnera plus votre vie et qui ne dictera plus tous vos choix. Ce moment est crucial et indique que vous avez considérablement avancé sur le chemin de la guérison et que vous parvenez à être en paix avec vous-même.

Cependant, certains évènements, tels qu'un deuil ou une agression violente, sont traumatisants et ne permettent pas toujours de s'en remettre complètement. Nous ne pouvons parfois que les accepter, les intégrer à notre vie et continuer à avancer, en supportant les hauts et les bas.

UN POINT SUR

L'ART ANCESTRAL DU TATOUAGE

Certaines personnes décident d'encrer leurs expériences difficiles sur leur peau en se faisant tatouer. C'est une manière pour elles de transformer un souvenir pénible en quelque chose d'esthétique. L'aiguille et la douleur ressentie durant le processus de tatouage ont parfois une valeur de « mise à l'épreuve » et de parcours initiatique. La personne se prouve ainsi qu'elle a surpassé ses difficultés et elle le montre. Cependant, le tatouage est permanent, alors, si le tatouage est réalisé dans le but de guérir et de se souvenir d'un évènement difficile, il faut donc être certain de souhaiter voir apparaître ses blessures intimes aux yeux de tous et pour toujours (cependant, c'est peut-être le but recherché !). De plus, 5 ans ou 10 ans plus tard, certains tatouages symboliques n'ont plus guère de sens aux yeux de la personne qui les porte et qui a évolué dans sa vie.

Par ailleurs, d'autres personnes se font tatouer afin de se réapproprier leur corps et de se réconcilier avec celui-ci.

Le tatouage peut également être thérapeutique lorsqu'il intervient dans le cadre d'une reconstruction post-cancer. Le traitement du

→

cancer est douloureux et difficile, il impacte considérablement le moral et l'image de soi. Le tatouage permet, dans ce cas, de prévenir une grave dépression ou d'aider à s'en remettre, car il servira à se réapproprier son corps, son image, à regagner en estime de soi et à reconstruire son mental. Par exemple, pour faire tatouer l'aréole d'une poitrine reconstruite, ou pour couvrir une grande cicatrice, il est indispensable de s'adresser à un artiste tatoueur qui a l'habitude. Pouvoir se regarder dans le miroir en appréciant ce que l'on voit, et non en se focalisant uniquement sur la mutilation est un atout énorme dans le traitement, ou dans la prévention, de la dépression lors de la reconstruction post-cancer.

Le sentiment de perte

Si votre dépression a été provoquée par un sentiment de perte, parvenir à surmonter ce sentiment est important pour sortir de la dépression.

Là encore je ne souhaite pas généraliser, et je ne parle pas du deuil qui est un travail bien particulier. Mais vous pouvez néanmoins vous demander quels sentiments et quelles émotions cette perte fait résonner en vous. Vous sentez-vous abandonné ? Dépossédé ? Perdu ? Rejeté ? Spolié ? En situation d'échec ? Ce sont des notions bien différentes qu'il convient d'identifier. Quelle que soit la perte que vous avez subie, gardez en tête qu'une perte nécessite un temps d'adaptation, plus ou moins long, avant de pouvoir l'accepter comme un passage et comme une page qui se tourne. Il est normal de se sentir triste, voire bouleversé, après avoir perdu quelque chose dans sa vie, mais il faut savoir un jour l'accepter pour sortir de la dépression.

Essayez d'effectuer cet exercice

Réfléchissez à ce que vous avez gagné psychologiquement à la suite de cette expérience, afin de tenter de rétablir l'équilibre dans votre vie. Le gain peut être, par exemple, une nouvelle façon de vivre, une nouvelle maturité, une nouvelle relation, un nouveau job, une nouvelle rencontre, une liberté retrouvée ou une meilleure connaissance de vous-même. Pensez également à ce que vous gagneriez à sortir de la dépression.

Par exemple, si vous souffrez car l'un de vos enfants a quitté la maison pour faire ses études, vos sentiments de tristesse et de perte sont tout à fait compréhensibles. Un nouveau cycle de la vie commence et il demande une période d'adaptation. Mais vous pouvez essayer de voir l'aspect positif de la situation : vous avez moins de travail à la maison, vous êtes plus disponible pour votre partenaire, pour vos amis et pour vous investir dans de nouvelles occupations. Vous avez enfin du temps pour vous et vous pouvez gérer ce temps comme bon vous semble. Vous savez que votre enfant est parti pour de bonnes raisons, qu'il commence sa vie de jeune adulte et qu'il va satisfaire sa curiosité en découvrant un nouvel univers. De plus, l'éloignement, même s'il est difficile, promet des retrouvailles riches en émotions et en jolis moments.

Certaines pertes, comme la perte d'un être cher, sont inéluctables, incompréhensibles, et laissent parfois ceux qui restent à jamais inconsolables. Le deuil est un processus particulier qui prend beaucoup de temps. Des groupes de soutien spécialisés existent, comme l'association Vivre son deuil, et peuvent être sollicités. Cette dernière aide les personnes endeuillées dans leur cheminement.

Vous échapper

Vous échapper est une autre façon de prendre de la distance avec la dépression. Cela ne signifie pas fuir, mais cela consiste plutôt à entreprendre un voyage, une retraite ou une expérience de vie forte permettant de mettre en perspective ce qu'il se passe dans votre vie afin de relativiser.

Certes, on emporte ses problèmes avec soi dans ses bagages, il n'y a pas de formule magique pour les oublier. Cependant, si, lors de votre voyage, vous décidez d'avoir l'esprit ouvert et de profiter vraiment de ce qu'il se passe autour de vous, si vous faites preuve de curiosité et si vous décidez de connaître et de vous imprégner de la culture du pays, de la région ou de l'endroit dans lequel vous vous trouvez, si vous entrez vraiment en contact avec les gens et si vous discutez avec eux, si vous essayez de vivre intensément le moment présent, vous pouvez presque devenir une nouvelle personne ! Vous serez riche de rencontres et de nouveaux paysages. Vous aurez remplacé vos pensées négatives par des découvertes insolites et par de nouvelles expériences. Découvrir un mode de vie différent, de nouveaux paysages et une nouvelle culture est toujours enrichissant, surtout lorsqu'on est en quête de sens. Par exemple, après un voyage en Afrique ou au Brésil, les gens déclarent souvent qu'ils en sont revenus changés et que leur vision de la vie a été modifiée. De plus, l'éloignement du quotidien et du cadre de vie habituel peut être profitable à certains.

MES CONSEILS DE PSYCHOLOGUE

Je pense qu'une telle expérience ne doit être entreprise que lorsque vous avez déjà commencé à remonter la pente et que votre état physique et psychique vous permet de voyager en toute sécurité. Veillez à consulter votre médecin avant de programmer votre échappée belle.

« *Naïma, 26 ans*

« J'ai traversé un gros passage à vide après avoir obtenu mon bac, lorsque j'ai commencé mes études. Ce « passage à vide » était en réalité une dépression causée par plusieurs raisons… Je m'en suis sortie seule, surtout grâce à l'éloignement. Je suis partie travailler à l'étranger pendant une année et c'est certainement la meilleure décision que j'ai prise dans ma vie jusqu'à présent. » **»**

RENFORCEZ VOS FACTEURS DE RÉSILIENCE

La résilience est la capacité à faire face au stress quotidien. La résilience est également un ensemble de forces qui permettent de rebondir après une épreuve difficile. La dépression est une épreuve douloureuse qui nécessite souvent une prise en charge extérieure, mais également une prise en charge personnelle : vos capacités de résilience vous aident à sortir de la dépression. Renforcer votre résilience vous permet également de lutter contre les rechutes dépressives et contre les récidives. Tout le monde ne possède pas les mêmes forces pour rebondir après une épreuve et pour faire face au stress et tout le monde ne vit pas dans un milieu favorable à la mise en œuvre d'une stratégie de guérison. Mais vous pouvez renforcer votre résilience et vous pouvez renforcer vos dispositions naturelles à faire face au stress, aux changements, aux contrariétés et aux évènements de la vie. Vous pouvez effectuer des petits actes afin d'améliorer votre environnement.

Comment trouver en vous et autour de vous les ressources permettant de vous sentir mieux, petit à petit, et de surmonter vos problèmes, pas à pas, afin de retrouver goût à la vie ? Que pouvez-vous entreprendre au quotidien afin de ne pas sombrer et de trouver le chemin de la guérison ?

Le quotidien

La dépression et le burn-out vous éloignent de la réalité et vous font perdre le goût de la vie. Certaines personnes peuvent même devenir agoraphobes et se couper du monde extérieur. Si vous êtes déprimé, je vous recommande de vous accrocher à la vie quotidienne et aux petits actes de tous les jours. Cela peut vous paraître anodin et inutile, mais c'est pourtant fondamental. Vous fixer de petits buts chaque jour et réaliser des petites missions permet de ne pas perdre pied complètement, de conserver une vie décente et de ne pas vous retrouver en complet décalage par rapport à vos proches.

Les proches

Être bien entouré est un facteur de résilience. C'est pourquoi il est bon de rester bienveillant avec vos proches, même si vous souffrez beaucoup et si vous avez l'impression qu'ils ne peuvent pas vous comprendre. Blesser et éloigner ses proches n'aide personne à guérir. Perdre sa famille non plus. Au contraire, cultiver un cercle d'amis proches et une vie de famille est un facteur de résilience. N'oubliez pas que la dépression est un filtre qui noircit votre perception des autres et des évènements. Vous avez peut-être le sentiment qu'ils sont avec vous parce qu'ils ont pitié de vous. Vous êtes peut-être gêné de vous trouver en difficulté. Pourtant, il serait plus constructif de confier en toute sincérité ce que vous traversez et ce que vous ressentez à vos proches. La dépression est une période où il vaut mieux accepter l'aide proposée par ses proches. Toutefois, vous pouvez leur demander gentiment un peu de temps et d'espace si vous avez besoin de respirer.

La parole qui guérit

Si vous sentez que vous avez besoin de vous épancher, verbalisez votre ressenti devant une personne bienveillante et à l'écoute, qui saura vous manifester de l'empathie et vous réconforter (un proche qui vous propose son aide, un psychologue ou un psychothérapeute). Il est important pour vous de pouvoir exprimer vos pensées et vos émotions, lorsque cela est possible. Ce qui est dit et exprimé ne vous ronge plus de l'intérieur. Le sport et les activités artistiques et créatives permettent également d'exprimer vos émotions et peuvent vous servir d'exutoire.

Préservez-vous

Il est nécessaire de vous protéger face aux agressions quotidiennes. Pour cela, il est important d'accepter l'idée que vous ne pouvez pas changer les gens s'ils ne le souhaitent pas. En revanche, vous pouvez faire en sorte que leur comportement cesse de vous affecter et de vous blesser.

Parfois, il est nécessaire de lâcher prise et de prendre de la distance intérieurement ou physiquement. Alors, cultiver votre détachement, votre flegme, votre indifférence et votre sens de l'humour devient indispensable si vous voulez devenir moins sensible à certaines choses et à certaines personnes. Par exemple, si vous savez qu'une personne vous est hostile, rien ne sert d'essayer à tout prix d'en faire votre ami. Il n'est pas toujours facile d'exprimer ses pensées et ses émotions en société. Toutefois, la situation impose parfois de vous affirmer de façon posée et ferme, au lieu de ruminer des idées noires et de subir l'attitude et le comportement déplacé d'autres personnes.

L'apaisement

Chaque histoire de vie est unique et tous les évènements qui surviennent ne sont pas comparables. Il existe certains événements dont il est plus difficile que d'autres de se remettre, pour autant que cela soit possible. Aussi, je ne souhaite pas faire de généralités et je ne prétends pas proposer de solution magique. Cependant, réfléchir et essayer de faire la paix avec votre passé me semble important. Si vous finissez par accepter d'avoir eu des parents défaillants, un parcours chaotique, des histoires sentimentales bancales ou un parcours atypique, cela vous permet de regarder devant vous sans amertume. Il y a un moment où le passé ne devrait plus faire autant souffrir et où il serait préférable de chercher la paix intérieure. Ce cheminement peut prendre des années, durant lesquelles il y aura probablement des hauts et des bas. Certains évènements ne peuvent et ne doivent pas être oubliés. Mais le passé peut devenir un moteur et une source d'inspiration, au lieu d'être une source de souffrance. Pensez aussi à vous occuper de l'enfant meurtri qui est en vous...

Apprenez à le comprendre, à le regarder avec bienveillance et à l'aimer. Il est temps qu'un peu d'amour lui revienne.

Vos stratégies face au stress

Maîtriser votre stress est indispensable si vous voulez augmenter votre capacité de résilience. Pour cela, il vous faut modifier votre perception des évènements et apprendre à adopter une autre perspective des situations en relativisant systématiquement et en positivant. Nous, les psychologues, appelons cela « la réévaluation cognitive ».

En d'autres mots, il s'agit de voir le verre à moitié plein plutôt que le verre à moitié vide. La réévaluation cognitive peut vous aider à tirer un bénéfice d'une situation qui, à première vue, ne vous semblait pas favorable.

Vous pouvez vous entraîner à la réévaluation cognitive grâce à une thérapie cognitivo-comportementale. Mais vous pouvez aussi vous entraîner par vous-même, en prenant l'habitude d'envisager systématiquement les aspects positifs d'une situation, tout en restant réaliste (il ne s'agit pas d'ignorer le danger ou les signaux négatifs). Essayez également de vous montrer plus positif envers vous-même et envers les autres, au lieu de vous montrer systématiquement négatif. Par exemple, le choix des mots est important. Si votre collègue vous demande comment vous allez, lui répondre : « Je vais bien, merci » est plus positif qu'un « pas trop mal » ou qu'un « ça va, mais... ».

De plus, si vous vous habituez à prendre très rapidement de la distance et du recul face à un évènement stressant, cela vous aidera à maîtriser votre stress et à élaborer une stratégie d'adaptation.

Redécouvrir le bien-être

Les émotions négatives font partie de l'existence et vouloir les nier n'aurait aucun sens. Cependant, il est important de ne pas les laisser envahir votre vie. Malheureusement, la dépression, qui agit comme un filtre déformant, vous fait voir tout en noir. Il est alors difficile de lutter contre vos idées négatives et vos ruminations.

Dès que vous avez un regain d'énergie au cours de la journée, que vous allez un peu mieux et que l'envie revient, piochez dans votre liste et efforcez-vous de pratiquer une activité tournée vers le plaisir et le bien-être (ou découvrez une nouvelle activité !). Cette activité ne pourra vous faire que du bien et vous aidera à produire des pensées positives, ne serait-ce que pendant quelques minutes.

Les bénéfices de la pratique d'une activité épanouissante sont multiples. Peu à peu, vos pensées positives auront une influence sur la production de sérotonine, le neuromédiateur impliqué dans la régulation de l'humeur. Aujourd'hui, il s'agit de quelques minutes de bien-être mais, d'ici quelque temps, vous profiterez d'une heure de pensées positives ! Prenez conscience des petites choses positives du quotidien et appréciez les petits plaisirs de tous les jours: cela vous aidera à chasser votre humeur dépressive et à cheminer vers la sérénité.

Afin de vous aider à vous relaxer et à vous reconnecter avec votre corps, pensez aux massages. Ils permettent de générer beaucoup de bien-être, par le biais du toucher et de la production d'endorphine, ils réharmonisent le corps et l'esprit, ils détendent profondément, ils favorisent le sommeil et ils permettent de se reconnecter à son corps. Ensuite, en cas de stress, il suffit de se remémorer immédiatement la sensation de bien-être perçue durant le massage et de se reconnecter à cette sensation de détente.

La méditation peut vous aider à faire baisser votre taux de cortisol et à modifier votre attitude face au stress (voir La méditation de pleine conscience comme traitement de la dépression récidivante, p. 170). La respiration abdominale vous permettra également de faire face aux pics de stress: lors de l'inspiration, gonflez votre ventre comme un ballon, lors de l'expiration, dégonflez votre ventre.

“ ***Prenons le cas de Jean-Christophe qui n'a toujours vécu que pour son travail et qui a fini par faire un burn-out à la suite de l'annonce d'un possible licenciement économique au sein de son entreprise.***

Son burn-out et sa dépression l'ont amené à consulter un médecin, qui lui a prescrit un traitement, puis à consulter un psychologue qui, après quelques séances, lui a suggéré de se trouver des centres d'intérêt en dehors de sa sphère professionnelle. Quelques semaines plus tard, Jean-Christophe a fait beaucoup d'efforts pour investir la sphère des loisirs de sa vie et s'est découvert une passion pour la cuisine. Il a débuté une série de cours de cuisine et de pâtisserie et il a redécouvert le plaisir de recevoir des amis en régalant ses convives de ses préparations maison. Cette activité lui procure du bien-être, lui permet de reprendre contact avec de vieux amis et de rencontrer de nouvelles personnes. Cette activité lui a également fait prendre conscience qu'il peut s'épanouir et réussir dans un autre domaine que celui de son métier. Cela lui a permis de rééquilibrer son rapport à son travail et de diminuer son anxiété par rapport à un éventuel licenciement. ”

L'activité physique

L'activité physique est votre alliée indéfectible dans votre lutte contre la dépression. Certains médecins le prescrivent même dans leurs ordonnances. Faire de l'exercice physique vous permet d'améliorer votre capacité de résilience et vos symptômes de dépression. L'exercice physique vous apporte du bien-être, car il provoque la sécrétion d'endorphine, l'hormone du bien-être, ainsi que la libération de sérotonine et de dopamine dans votre organisme. L'exercice limite également la libération de cortisol, l'hormone du stress. Cela améliore votre capacité de mémorisation, d'attention et de prise de décision. À cet égard, la natation, le yoga et la course à pied sont bénéfiques. Mais je préconise toute activité sportive qui vous plaît !

Toutefois, si vous vous sentez trop faible pour pratiquer un sport, vous pouvez pratiquer la marche en toutes occasions. Si la dépression vous a ôté toute votre énergie, ou si vous êtes une jeune maman et que vous désirez reprendre une activité sportive tout en vous occupant de votre bébé, la marche à pieds vous fera le plus grand bien.

EXERCICES

Les bienfaits de la marche

La marche (notamment la marche rapide) est tout à fait adaptée et bénéfique lorsque vous n'avez pas le moral. Cela vous fait sortir de chez vous, c'est facile à mettre en œuvre et cela ne nécessite aucun investissement financier. Fixez-vous un objectif, comme aller acheter une baguette de pain, ou des fruits frais, afin de ne pas vous trouver désœuvré, et allez-y à pied.

MES CONSEILS DE PSYCHOLOGUE

Tout ce que vous entreprenez améliore votre humeur et participe à la création d'un bouclier anti-dépression : vos petits actes (peinture, chant, tricot, jardinage, sport, couture, bricolage, décoration...), vos petits changements dans votre façon de voir les choses et de parler de vous-même et les efforts auxquels vous consentez afin de modifier votre mode de pensée négatif. Pensez aussi à exprimer ce qui va bien au quotidien, car chaque jour qui passe réserve des petits plaisirs et des petites satisfactions. N'oubliez pas de les remarquer et de les apprécier. Tout ce qui vous permet de sécréter des endorphines, les hormones du bien-être, vous aide à chasser la déprime et la dépression. Petit à petit, vous vous réappropriez vos pensées et votre corps, vous sortez de votre bulle dépressive et les choses semblent moins figées. L'espoir renaît.

LES VERTUS DE LA PAROLE

Certaines personnes ont besoin d'aller jusqu'au bout de leur dépression et préfèrent s'isoler. Elles ont besoin de toucher le fond avant de remonter. Mais, pour d'autres personnes, l'isolement n'est pas la méthode la plus adaptée. En effet, nous avons vu que la dépression inhibe bien souvent la capacité d'élaborer des pensées cohérentes et qu'elle diminue la concentration. Rester seul avec votre dépression comporte le risque de ruminer sans fin des idées noires, parfois irrationnelles, sans qu'au moins une personne ne les entende et n'essaye d'y apporter un regard neuf. Le risque de suicide est également à prendre en compte et ne doit jamais être pris à la légère... C'est pourquoi je vous assure que vous tirerez le plus grand bénéfice d'un échange avec une personne bienveillante, qu'il s'agisse d'un proche, de votre médecin traitant ou d'un psychologue.

Un soutien psychologique souvent indispensable

Si vous restez isolé, il est compliqué pour vous d'être réconforté et d'aller mieux, surtout si vos sentiments semblent anesthésiés et si vous êtes devenu complètement indifférent à tout ce qui se passe en vous, et à l'extérieur de vous. Certaines personnes ne peuvent même plus ressentir d'émotions agréables qui leur permettraient de retrouver peu à peu le goût de vivre. Aussi, je vous conseille vivement de chercher de l'écoute, de l'empathie et de la gentillesse auprès d'une personne de confiance, qui vous aidera à traverser cette période difficile.

Votre famille et vos amis peuvent évidemment vous épauler et vous écouter lorsque vous avez besoin de vous épancher. Mais vos proches ont leurs limites, leurs propres problèmes et, de plus, ils sont rarement neutres ! Si vous trouvez délicat de raconter vos pensées intimes à un proche, faites-vous accompagner par un psychiatre, par un psychologue ou par un psychothérapeute apte à prendre en charge une personne déprimée. Vous pouvez également vous confier à votre médecin généraliste, s'il en a le temps et s'il est suffisamment à l'écoute.

Une psychothérapie consiste en une suite d'entretiens avec un psychologue formé à l'écoute active. Lors de ces entretiens, vous pourrez verbaliser vos ressentis, vous abordez vos difficultés et tous les sujets qui vous préoccupent, afin de mieux les comprendre. À cet égard, la thérapie comportementale et cognitive (ou « cognitivo-comportementale ») est particulièrement adaptée. Elle a pour but de découvrir l'objet de vos inquiétudes, la façon dont vos troubles se sont installés et la façon dont vous pouvez en guérir. Ce type de psychothérapie peut vous aider à traiter votre dépression. Lors de vos entretiens, vous essayez de mieux comprendre la façon dont vous réagissez. Cela vous aide à mieux vous connaître. Avec l'aide du psychologue, vous pouvez élaborer des stratégies afin d'aborder différemment vos difficultés. Consulter un professionnel neutre et bienveillant peut également vous servir de déclic pour laisser resurgir vos émotions, même si elles sont terriblement douloureuses.

La force est en vous, mais aussi dans l'échange

Vous avez en vous la force de guérir. La psychothérapie vous aide à découvrir la force dont vous disposez et la façon dont vous pouvez l'utiliser. Une quinzaine d'entretiens sont en général nécessaires (parfois plus, parfois moins). Durant cette période, vous vous appropriez les moyens de combattre la dépression, vous renforcez votre capacité de résilience et vous essayez de modifier certains schémas de pensée et de comportement, si tel est votre besoin. Vous devenez acteur de votre guérison et de votre vie.

Nous avons vu que la prise d'antidépresseurs est une béquille chimique souvent indispensable, mais pas suffisante. Un médicament ne vous écoute pas et n'a jamais réglé de problèmes professionnels ou de problèmes personnels. Pour y remédier, le soutien psychologique est donc souvent nécessaire. Cela permet de rompre le silence et de bénéficier d'un réconfort moral immédiat. Il est à présent reconnu qu'allier médicaments et psychothérapie permet de sortir de la dépression, de prévenir les rechutes et les récidives, ainsi que les tentatives de suicide.

Échanger avec une autre personne au sujet de vos difficultés, de vos appréhensions et de ce qui vous cause du souci vous aide surtout à en adopter une autre perspective. Ceci est fondamental si vous souffrez d'une dépression qui modifie votre perception de la réalité, qui filtre négativement vos pensées et qui vous empêche de vous projeter. Discuter des croyances qui vous empoisonnent la vie avec une personne neutre, mais impliquée, peut vous aider à renoncer à ces croyances.

Un acte courageux et coûteux

Toutefois, je sais que consulter un psychologue ou un psychothérapeute demande du courage, car il n'est guère évident de se confronter à ses pensées intimes, à ses croyances et à ses souvenirs. Vous avez peut-être pris l'habitude de vous murer dans le silence et de ne plus communiquer avec autrui. Vous rendre chez un psychologue vous demande alors un effort. De plus, les consultations chez un psychologue ne sont pas prises en charge par la Sécurité sociale : c'est donc un véritable choix budgétaire et une façon d'investir dans votre santé et votre bien-être.

La guérison nécessite un certain temps ; aussi, il ne faut pas vous attendre à un miracle dès la fin de la première séance. Toutefois, le simple fait d'aller consulter vous donne le sentiment de vous prendre en charge et l'espoir d'entrevoir un jour le bout du tunnel. Le fait d'avoir pu vous exprimer vous procure déjà un mieux-être. Il n'est pas bon de laisser s'installer la dépression durablement, mais il n'est jamais trop tard pour commencer une psychothérapie.

MES CONSEILS DE PSYCHOLOGUE

Laisser vos émotions douloureuses remonter à la surface est très difficile, mais libérer votre parole vous fera beaucoup de bien. C'est une façon de vous engager sur le chemin du mieux-être et de la guérison. La dépression, comme le burn-out, ne sont pas honteux. Vous ne devez pas avoir de scrupule à demander l'aide d'un professionnel de la santé. Cela peut arriver à tout le monde, à un moment de la vie. Une thérapie de type cognitivo-comportementale ou de type intégrative vous aidera à identifier les facteurs de votre dépression, à modifier vos pensées qui passent à travers le filtre négatif de la dépression, et à dénouer des nœuds.

LA PRATIQUE DU YOGA

Le yoga est une pratique corporelle millénaire, composée de différentes postures, qui apporte bienfaits immédiats et à long terme aux personnes le pratiquant régulièrement. Il peut même devenir une philosophie de vie. Selon la forme de yoga que vous pratiquez, il apaise, dynamise et vous aide à gagner en qualité de vie. De plus, ses bénéfices dans le traitement et la prévention de la dépression sont multiples. Les résultats d'une étude récente sont particulièrement encourageants : la pratique régulière du yoga aurait des effets positifs avérés sur la dépression légère à modérée. Le travail sur la respiration, l'ambiance sereine et non compétitive, les mouvements en douceur du yoga et sa philosophie qui prône l'harmonie entre le corps et l'esprit auraient un effet positif sur les neurotransmetteurs, de la même façon que des antidépresseurs et que la psychothérapie. L'activité des neurotransmetteurs ayant été altérée sous l'effet de la dépression.

Si vous souffrez d'une dépression d'intensité légère à modérée, le yoga constituerait donc une alternative aux médicaments. Il serait également un bon complément à la prise de médicaments et à la psychothérapie si vous souffrez d'une dépression modérée à sévère. Cependant, l'étude a montré que le yoga doit être pratiqué de préférence en groupe afin de produire des effets optimisés sur la dépression. Il faut donc être suffisamment solide afin de pouvoir vous déplacer jusqu'à un cours de yoga, ce qui n'est pas toujours évident. Si vous vous sentez trop faible pour vous rendre à un cours de yoga, si vous souhaitez commencer par vous initier à cette pratique tranquillement chez vous ou si vous cherchez tout simplement à compléter vos séances, vous pouvez réaliser ces quelques postures à la maison. Il faut néanmoins vous équiper d'un vrai tapis de yoga afin de ne pas glisser.

« *Charlotte Bentz, professeure de yoga à la Yoga Factory, à Paris, nous parle des bienfaits du yoga et nous propose ces postures*

« Le mot yoga signifie « union » du corps et de l'esprit. Le yoga apporte bien-être, apaisement, joie au quotidien et confiance en soi. Il transforme les pensées, oxygène les tissus, chasse les tensions, les crispations émotionnelles et les troubles du sommeil. De plus, le dépassement de soi amène une sensation de fierté indéniable. Lorsque nous déprimons, nous angoissons, nous ruminons, notre corps et notre esprit perdent de leur force vitale. Or, lorsque nous nourrissons notre mental grâce au yoga, il devient une force dynamique. Pratiquer des asanas (les postures), des pranyamas (des respirations) et la méditation va vous aider à retrouver une force vitale au quotidien. » »

Voici quelques asanas que vous pouvez pratiquer facilement.

L'arbre ou Vrkasana

Debout, placez le poids du corps sur la jambe gauche, attrapez votre cheville droite et placez l'intérieur de votre pied très haut à l'intérieur de la cuisse gauche. Placez vos mains en prière au creux de la poitrine. Contemplez l'horizon, respirez calmement par le nez. Cette posture est calmante et vous ancre dans le sol. Elle demande concentration et équilibre.

Le chien tête en bas ou Adho mukha svanasana

Placez-vous à quatre pattes sur votre tapis, genoux au sol et bras tendus. Repoussez le sol à l'aide des paumes de main, tendez les jambes, relâchez la nuque et cherchez à rapprocher le ventre des cuisses, le coccyx vers le haut. Restez ici et respirez uniquement par le nez cinq fois, puis reposez les genoux et recommencez. Cette posture étire l'arrière des cuisses et fait travailler les abdominaux. L'inversion offre un apport supplémentaire de sang dans la tête. C'est une excellente posture pour se déstresser et chasser les migraines.

Le lapin ou Sasankasana

À genoux, les jambes bien serrées, penchez-vous vers l'avant et placez votre front sur le sol près de vos genoux, le dos bien arrondi. Attrapez vos talons et soulevez les fesses tout doucement. Respirez calmement avec le nez, même si vous vous sentez comprimé. Cette posture étire la nuque et les épaules. Elle a des effets rééquilibrants et calmants.

Puis, pratiquez un pranayama

Prana signifie force vitale et *ayana* signifie contrôle ou maîtrise. Ce pranayama s'appelle Nadi Suddhi, ou « respiration alternée ». Installez-vous confortablement. Placez votre main gauche sur le genou gauche, la paume de main vers le ciel, ou bien le pouce et l'index collés ensemble. Avec la main droite, repliez l'index et le majeur, placez votre pouce sur la narine droite. Fermez la narine droite, inspirez par la narine gauche en comptant jusqu'à 4, puis refermez l'autre narine en comptant jusqu'à 2, puis expirez par la narine droite en comptant jusqu'à 8. Recommencer 10 fois si vous débutez, et jusqu'à 20 fois par la suite. Ce pranayama permet de purifier et d'équilibrer les systèmes nerveux sympathique et parasympathique.

Enfin, vous êtes prêt pour la relaxation !

Le Shavasana, ou posture du cadavre, peut durer entre 10 et 30 minutes. Allongez-vous sur le sol, le dos sur votre tapis. Ouvrez les mains, les paumes vers le ciel, écartez les pieds de la largeur du tapis, les orteils vers l'extérieur. Fermez les yeux, relâchez la mâchoire. Acceptez chaque zone de votre corps, quelle que soit la sensation qu'elle offre. Immobile, vous bénéficiez de l'énergie que vous avez créée durant vos asanas. Laissez-vous exister dans l'immobilité. Laissez le corps s'éveiller jusqu'à ce que vous soyez prêt à ouvrir les yeux.

MES CONSEILS DE PSYCHOLOGUE

Dans le traitement de votre dépression, un travail sur votre physique est indispensable, surtout si vous présentez des symptômes anxieux. Cela vous aide à vous réapproprier votre corps et à dissiper des symptômes tels que la fatigue, la sensation d'oppression ou les tremblements. Outre le yoga, la relaxation et l'exercice physique en général, vous pouvez vous exercer à la « cohérence cardiaque », un exercice de respiration bénéfique contre le stress et l'anxiété.

Essayez d'effectuer ces exercices

Munissez-vous d'un chronomètre ou bien téléchargez une application de cohérence cardiaque sur votre smartphone :

- *Chaque minute, effectuez 6 inspirations de 5 secondes et 6 expirations de 5 secondes.*
- *Concentrez-vous sur votre respiration (et plus sur le décompte des secondes).*
- *Exercez-vous 3 fois par jour pendant 5 minutes.*

Veillez également à bien pratiquer la respiration abdominale lorsque vous êtes confronté à un facteur de stress :

- *Gonflez le ventre lors de l'inspiration.*
- *Dégonflez le ventre lorsque vous soufflez*

LES BIENFAITS DE L'ALIMENTATION

Si vous souffrez d'une dépression, vous avez probablement du mal à vous nourrir correctement. Soit vous manquez d'appétit, soit vous avez besoin de compenser votre détresse émotionnelle en vous « remplissant ». De plus, votre absence de motivation et d'énergie ne doit guère vous inciter à vous lancer dans de la cuisine élaborée... Pourtant, votre façon de vous alimenter pourrait vous aider à aller mieux et à avoir un meilleur moral. Certes, il n'existe évidemment pas d'aliment miracle qui ferait disparaître la déprime et la dépression ! Mais certains aliments sont particulièrement réputés pour aider l'organisme à lutter contre les troubles de l'humeur et la dépression.

Pourquoi réviser votre façon de vous alimenter ?

Revoir vos menus présente un intérêt multiple :

- Tout d'abord, manger à votre faim répond à un besoin primaire et vous procure de l'énergie pour effectuer ensuite vos activités, sans être obnubilé par une sensation de faim.
- Cela permet à votre organisme de fonctionner, notamment à votre cerveau qui a besoin de glucides simples et complexes, de protéines, de lipides, de minéraux et de vitamines pour produire les neuromédiateurs dont nous avons parlé précédemment.
- Satisfaire vos papilles gustatives est un des grands plaisirs de la vie. Rien de tel qu'un bon repas pour vous remonter le moral après une journée difficile.
- La nourriture a également une fonction de socialisation, de partage et permet une convivialité dont il vaut mieux ne pas se passer lorsqu'on lutte contre la déprime et la dépression.
- La fonction digestive est également impliquée dans la gestion du stress et de l'humeur, grâce à la flore intestinale (que l'on appelle à présent le microbiote) et qui est en lien avec les neurones et la production de sérotonine.

- Une alimentation saine, équilibrée, goûteuse et en quantité raisonnable est indispensable au fonctionnement optimal de l'organisme. Cela participe à votre bon moral.
- Enfin, adopter une alimentation bénéfique pour le cerveau permet dans le même temps de limiter vos pulsions alimentaires en direction des produits gras et sucrés. En effet, si vous êtes rassasié et si vous avez apporté à votre organisme tout ce dont il a besoin pour produire les neuromédiateurs impliqués dans le mécanisme de l'humeur, vous aurez probablement moins besoin de réconfort sucré et gras.

L'importance d'une alimentation équilibrée

Un meilleur équilibre alimentaire vous permettra d'être en bonne forme. Certains aliments vous aideront particulièrement à booster votre production de sérotonine, de dopamine, des neuromédiateurs cérébraux impliqués dans le contrôle de l'humeur et votre sécrétion d'endorphines, « l'hormone du bonheur ». Vous tirerez le plus grand bénéfice de la consommation d'aliments riches en glucides, en magnésium, en tryptophane, en oméga-3 et -6, en lithium, en folate, en sélénium, en vitamine du groupe B et en vitamine C.

- Tout d'abord, pour maintenir un bon fonctionnement du cerveau, rien ne vaut la consommation quotidienne de **glucides complexes** et de **glucides simples**. En effet, le cerveau consomme principalement des glucides, et notamment du glucose. Un régime très pauvre en glucides favorise les crises d'hypoglycémie et la production de cortisol (l'hormone du stress). Cela accroît la fatigue, la sensation de faiblesse et la fonte musculaire, car l'organisme, privé de glucides, en fabrique à partir des acides aminés prélevés dans les muscles.

Le cerveau ne dispose pas de réserves de glucides ; aussi, il doit être alimenté en permanence. Veillez à consommer quotidiennement du pain, des pâtes, du riz, des céréales et des légumes secs pour les glucides complexes, et des fruits, des légumes, du lait et des yaourts pour les glucides simples.

- **Les vitamines du groupe B** vous aident à lutter contre la fatigue et à produire un effet anti-dépression.
  - **La vitamine B9 (également appelée « acide folique » ou « folate »)** vous aide à produire la dopamine. Des études montrent qu'un taux **d'acide folique** bas serait associé à un état dépressif, et que la consommation d'acide folique améliorerait l'état des personnes déprimées. De plus, l'acide folique renforcerait l'action des antidépresseurs (l'acide folique est également appelé vitamine B9).
  - **Vous trouverez de la vitamine B9 dans :** le foie (foie gras, poulet, bœuf), les légumineuses (lentilles, pois chiches, soja, haricots en grains), les légumes vert foncé (épinard, choux de Bruxelles, chou vert, haricot vert, avocat, laitue, mâche, fenouil, asperge verte, concombre, persil, fenouil, panais), les fruits et légumes (betterave rouge, aubergine, avocat, banane), les noix, les levures, la viande (veau, bœuf), les œufs, les céréales complètes et le germe de blé.
  - **Vous trouverez de la vitamine B1 dans :** la levure de bière en paillettes, la levure de boulanger, le germe de blé, les flocons d'avoine et les noisettes.
  - **Vous trouverez de la vitamine B2 dans :** la levure de boulanger, la levure de bière, les champignons crus, les œufs, le pain complet, les avocats et les asperges.
  - **Vous trouverez de la vitamine B3 dans :** la levure de bière, la levure de boulanger, le germe de blé, les cacahuètes grillées et salées, le pollen, les fèves, les arachides, les légumineuses et le pain à grains.

- **Vous trouverez de la vitamine B6 dans :** les harengs, les épinards, le soja, les bananes, les pommes de terre, les sardines et les oranges.
- **Vous trouverez de la vitamine B12 dans :** les abats, les fruits de mer et les crustacés.

- **Le magnésium** est notamment réputé pour vous aider à lutter contre certains symptômes de l'anxiété et de la dépression (tremblements, nervosité, fourmillements…). Le stress et l'anxiété favorisent les pertes rénales en magnésium. Or, l'organisme ne dispose pas de réserves de ces sels minéraux.
- **Vous trouverez du magnésium dans :** les sardines à l'huile d'olive (en conserve), le cacao en poudre non sucré, les graines de tournesol, le café soluble, les graines de sésame, les bigorneaux cuits, le germe de blé, les noix de cajou, les amandes avec la peau, l'eau d'Hépar®, les pignons de pin, les cacahuètes, le beurre de cacahuète, le tofu, le riz rouge, les noix (y compris les noix de pécan et les noix de macadamia), le pain (baguette, pain complet, intégral, seigle ou froment), les pistaches et le chocolat noir.
- **Le tryptophane,** un acide aminé essentiel contenu dans les protéines, stimule la production de **sérotonine**, un neuromédiateur fondamental dans la régulation de l'humeur et des troubles du sommeil. Vous devez consommer du tryptophane avec des glucides complexes afin qu'il soit utilisable par votre organisme. Rien de tel pour améliorer votre moral et votre sommeil, et pour vous procurer un effet calmant et euphorisant !
- **Vous trouverez du tryptophane dans :** les œufs, le lait, les viandes, la morue, la lotte, la dinde, les fromages à pâte dure (comme le parmesan, l'emmental, le gruyère), les noix, les noisettes, les cacahuètes, les graines de courge, les noix de cajou, le soja, les légumes secs et le riz complet.
- **La phénylalanine et la tyrosine** sont des acides aminés essentiels contenus dans les protéines, qui stimulent la production de **dopamine**. La dopamine a plutôt un effet activant et

favorise la régulation de l'humeur, la motivation, l'estime de soi et la mise en place de projets (la dépression étant souvent caractérisée par une attitude apathique et une absence de motivation). Toutefois, un excès de dopamine peut favoriser des comportements excessifs, tels que les conduites à risque ou l'addiction aux jeux. La dose journalière recommandée de phénylalanine est de 200 à 1 000 mg.

- **Vous trouverez de la phénylalanine dans :** les produits laitiers, les flocons d'avoine, le muesli, les noix, les œufs, la viande (gibier, porc), la volaille (dinde, canard, poulet), le germe de blé, les graines, le soja et les noix.
- **Vous trouverez de la tyrosine** dans le parmesan, la morue, le gruyère, le lait en poudre, emmental, édam, gouda, ou dans le fromage bleu.
- **Le sélénium** est un oligoélément aux multiples vertus, c'est notamment un puissant antioxydant. Des études montrent qu'une carence en sélénium serait associée à un état dépressif. Le sélénium permettrait de lutter contre les symptômes de la dépression. Toutefois la supplémentation en sélénium n'est pas forcément recommandée. Il est préférable d'augmenter naturellement votre apport en sélénium par l'alimentation.
- **Vous trouverez du sélénium** en quantité importante dans les noix du Brésil. Une ou deux par jour suffirait à augmenter votre apport.
- **Les lipides** sont indispensables à votre organisme, notamment au fonctionnement de votre cerveau. **Les oméga-3 et les oméga-6** sont des acides gras polyinsaturés essentiels. Quelques études ont montré l'effet bénéfique des oméga-3 sur l'humeur et le traitement de la dépression. Si les résultats de ces études n'ont pas été confirmés par d'autres, ils n'ont pas été non plus infirmés.
- **Vous trouverez des oméga-3 et des oméga-6 dans :** l'anchois, la sardine, le thon, le saumon, le maquereau, le flétan, le hareng,

les huiles de colza, de noix, de lin, de chanvre, de germe de blé et de soja et la mâche.

- **Les probiotiques** aident vos intestins à se peupler de bonnes bactéries. Cela participe ainsi à votre bon moral.
- **Vous trouverez des probiotiques dans :** le yaourt, le pain au levain, les aliments lacto-fermentés comme la choucroute et les olives, la levure de bière vivante ou revivifiable, les croutes de fromage et les fromages bleus, le kéfir, le miso, le tamari, le kombucha (une boisson traditionnelle russe).

En adoptant une alimentation variée, équilibrée, peu excluante et riche en produits frais, vous trouvez à peu près tout ce dont votre cerveau a besoin pour fonctionner correctement. Concernant le poisson gras, il convient de faire attention à sa provenance, car il existe actuellement un risque de contamination des poissons aux métaux lourds (voir les recommandations de l'Anses en annexe).

Voici un résumé des aliments anti-déprime et anti-stress à mettre dans votre panier :

- Les poissons, fruits de mer et crustacés : l'anchois, la sardine, le thon, le saumon, le maquereau, le flétan, le hareng, la morue, la lotte, les sardines à l'huile d'olive (en conserve), les bigorneaux cuits.
- La viande (veau, bœuf, gibier, porc), et la volaille (dinde, poulet, canard).
- Le riz complet, le riz rouge.
- Les pâtes.
- Les légumes secs et les légumineuses : les lentilles, les pois chiches, le soja, les haricots en grains, les fèves.
- Les fruits : les oranges, les bananes.
- Les légumes : les pommes de terre, les épinards, la mâche, les avocats, les asperges vertes, les champignons crus, la betterave rouge, l'aubergine, l'avocat, le choux de Bruxelles, le chou

vert, les haricots verts, la laitue, le fenouil, le concombre, le panais, le persil.

- Les aliments lacto-fermentés : le tofu, la choucroute.
- Les produits laitiers : le lait, le lait en poudre, les fromages à pâte dure (parmesan, emmental, gruyère le parmesan, le gruyère, emmental, édam, gouda), le fromage bleu, les yaourts.
- Le pain : baguette, pain complet, à graines, intégral, seigle ou froment.
- Les céréales : les flocons d'avoine, le son de blé, les céréales complètes, le germe de blé, le muesli.
- Les compléments : le germe de blé, le pollen, la levure de bière en paillettes, la levure de boulanger.
- Le café soluble, le chocolat noir, le cacao en poudre non sucré.
- Les graines et les oléagineux : les noix du Brésil, les noix, les noisettes, les cacahuètes grillées et salées, les noix de cajou, les noix de pécan, les noix de macadamia, les pistaches, les pignons de pin, graines de courge, les cacahuètes, le beurre de cacahuète, les amandes avec la peau, les graines de sésame, les graines de tournesol.
- Les huiles de colza, de noix, de lin, de chanvre, de bourrache, de germe de blé et de soja.
- L'eau d'Hépar®, Contrex®, Courmayeur®, Quezac®

Misez sur les aliments non transformés

Si vous souffrez d'une dépression, ce n'est guère le moment de vous trouver dénutri. Pour éviter cet inconvénient, privilégiez la cuisine préparée à la maison et évitez, si possible, les aliments industriellement transformés. Mangez en quantité raisonnable, sans excès, mais suffisamment pour ne pas avoir faim. Ce n'est pas le moment idéal pour vous lancer dans un régime très restrictif, dans une cure détox consistant à n'absorber que des liquides, ou pire, dans un jeûne. Misez plutôt sur les aliments particulièrement concentrés en éléments bons pour le cerveau.

- **Les lentilles vertes ou corail** sont une excellente source de vitamines B9, B1, B2, B5 et B6, de magnésium, de glucides, de tryptophane et de tyrosine, qui participent à la sécrétion de dopamine et de sérotonine. Les lentilles sont également une bonne source de protéines, ce qui en fait une bonne alternative à la viande pour les végétariens, à condition de les consommer avec une céréale (blé, millet, orge, riz...), des noix (pour la méthionine) et une source de vitamine C.
- **Le chocolat noir,** contenant 70 à 85 % de cacao, est une source de matières grasses et de sucre, dont l'arôme réconforte immédiatement et procure du plaisir. Mais surtout, le chocolat contient des antioxydants comme l'épicatéchine, un stimulant comme la théobromine, mais aussi de la tyramine et de la phényléthylamine, ainsi que du tryptophane, du magnésium, du potassium, du fer et du zinc. Tous ces éléments contribuent à la sécrétion de dopamine et de sérotonine, permettant ainsi de lutter contre le stress, l'anxiété et la dépression, et provoquant un effet d'euphorie.
- **La banane** est un fruit connu pour ses vertus contre la dépression. Elle est une source de vitamines B9, B6, B2, B5 et C, de magnésium, de potassium et de cuivre. Mais elle contient surtout de la dopamine et du tryptophane. Elle est très facile à transporter et à consommer, comme un en-cas.
- **Les graines de tournesol** sont une belle source de vitamine B9, et autres vitamines du groupe B, de tryptophane, de sélénium, de potassium, de magnésium, de vitamine E, de manganèse, de phosphore, de cuivre et de fer. Elles contribuent à la sécrétion de dopamine et de sérotonine et elles participent ainsi à améliorer l'humeur. Elles peuvent être facilement intégrées à un mélange de céréales au petit déjeuner, saupoudrées sur une salade ou mélangées à de la pâte à pain.

- **Les œufs** procurent un bel effet antidépresseur par leur apport en vitamines B9, B12 et d'autres vitamines du groupe B, en sélénium, en tryptophane, en vitamines A, D et E, en phosphore, en zinc, et en choline. En outre, les œufs constituent un apport de protéines complètes pour les végétariens.
- **La noix du Brésil** est l'un des aliments les plus riches en sélénium et en magnésium. C'est un véritable anti-stress et anti-déprime. Elle est très facile à croquer en cours de journée et peut également se consommer au petit-déjeuner, dans un mélange tonique de céréales, de graines, d'oléagineux, de fruits secs, le tout arrosé de lait, de jus de soja ou de jus d'amande.
- **Le yaourt,** le vrai, fabriqué à l'aide de lait fermenté par des bactéries Lactobacillus bulgaricus et Streptococcus thermophiles, est l'une des meilleures sources de probiotiques, bonnes pour la flore intestinale en lien avec le cerveau. C'est un aliment simple et facile à consommer en dessert ou en en-cas.

La comfort food

L'alimentation n'est pas qu'une façon d'améliorer votre santé, elle est aussi synonyme de plaisir. L'alimentation, au travers du plaisir visuel, gustatif et rassasiant qu'elle vous procure, a une fonction de réconfort au quotidien et dans les moments difficiles. L'alimentation permet également le partage et la convivialité, deux éléments utiles dans la lutte contre la dépression. Vous préparer un repas permet de vous décentrer de vos soucis et de vous concentrer sur une activité qui vous procurera satiété et plaisir gustatif. De plus, dans la culture populaire, certains plats sont réputés pour apporter du réconfort aux personnes déprimées et faire du bien à l'âme (la *soul food* du sud des États-Unis, les plats mijotés traditionnels, les saveurs orientales...).

COMMENT CONSERVER UN POIDS RAISONNABLE ?

Un moral bas et de mauvaises habitudes alimentaires provoquent parfois une prise de poids qui peut déprimer encore plus. Comment pouvez-vous éviter cet inconvénient ?

La règle d'or est d'aller faire votre marché et de remplir votre panier d'aliments sains, plutôt que de paquets de biscuits et de chips. Que votre dépression vous coupe l'envie de manger ou qu'elle vous pousse à dévorer, vous atteler au moins une fois par jour à la confection d'un repas simple, mais équilibré, peut vous aider à retrouver un rythme de vie au quotidien et à ne pas vous couper de la vie quotidienne ordinaire. Privilégiez des recettes faciles à réaliser.

Si vous avez envie de sucré, dégustez deux ou trois biscuits et refermez le paquet… Ou bien grignotez de façon futée en gardant dans votre sac une boîte contenant par exemple des amandes, des noix du Brésil, des graines de tournesol, et quelques carrés de chocolat noir, afin d'éviter de craquer sur les barres chocolatées du distributeur. Instaurez un rituel de repas vous permettant de maîtriser vos pulsions alimentaires : préparez-vous une belle assiette, installez-vous à table pour vous restaurer et ne restez pas debout dans la cuisine à dévorer tout ce qui se présente. Préférez une assiette de taille normale à une assiette géante. Enfin, bien mâcher vos aliments et prendre le temps de déguster chaque bouchée (en posant vos couverts par exemple) vous permettent d'allumer le signal de la satiété et de manger en moins grande quantité.

Vous trouverez quelques-unes de mes recettes savoureuses et bonnes pour le moral sur le site des éditions Leduc.s en vous rendant vite sur la page **http://quotidienmalin.com/vaincre-la-depression**, ou en scannant ce code :

EFFECTUER UNE « DÉSINTOXICATION DIGITALE »

Aujourd'hui, le smartphone et les tablettes sont omniprésents. En quoi faire un usage raisonnable de ces objets et d'Internet peut-il vous aider dans votre lutte contre la dépression?

Les inconvénients de l'hyperconnection

Internet et les réseaux sociaux ont de bons côtés, mais ils ont également des effets pervers. Internet permet le meilleur comme le pire.

Passer des heures chaque jour à surfer sur le Net, sur les réseaux sociaux ou sur les sites de rencontre, limite dans le même temps les véritables interactions sociales de la « vraie vie ». Cela peut provoquer un phénomène d'isolement, voire de phobie sociale. Les personnes ne sont plus de vrais êtres humains, mais des « profils » désincarnés.

Les réseaux sociaux favorisent également la mise en avant de soi, le narcissisme forcené et une guerre des ego sans fin, ni limites géographiques. Par effet rebond, cela peut entraîner la comparaison sociale, parfois source d'anxiété et de découragement, et la baisse de l'estime de soi chez les personnes fragiles. Le cyber-harcèlement et le phénomène des *haters* (des internautes qui utilisent le plus souvent un pseudo et qui critiquent vivement, voire qui injurient, un autre internaute) peuvent avoir de sérieuses conséquences sur le moral, notamment chez les adolescents.

Évidemment, les personnes désireuses de se valoriser socialement, les personnes malveillantes, les personnes fragiles et la dépression ont toujours existé, et ce bien avant l'apparition d'Internet et des réseaux sociaux. La nouveauté réside surtout dans le fait que l'on peut désormais interagir avec le monde entier, notamment avec des personnes qui cachent leur identité, et à toute heure. Ce qui était limité auparavant à un lieu géographique défini ou à un groupe social (la famille, le groupe d'amis, l'école, la ville, le quartier, une association...) peut à présent se diffuser auprès d'un nombre infini de personnes. Les personnes les plus fragiles sont d'autant plus confrontées à un pseudo-idéal inatteignable et à la haine de l'autre.

De plus, la désinformation et l'afflux d'images dramatiques, sans recul ni analyse, peut provoquer du stress et de l'anxiété.

Sans être la cause principale d'une dépression, l'addiction à Internet peut avoir un effet catalyseur. Des études récentes montrent une augmentation de l'état dépressif et une baisse de la sociabilité chez les personnes qui utilisent Internet. Il faut probablement relativiser le résultat de ces études et faire le lien entre la personnalité de l'internaute, l'usage qu'il fait d'Internet, le temps passé sur Internet au quotidien et son état dépressif.

Toutefois, si vous êtes touché par la dépression, ce n'est certainement pas le bon moment pour vous laisser influencer par les univers virtuels proposés sur Internet et pour croire que la vie des autres est forcément plus intéressante que la vôtre. Si vous vous sentez très fragile, les réseaux sociaux sur Internet ne sont pas toujours le meilleur endroit pour vous exprimer et il n'est pas forcément bon d'y rôder. Interagir avec des « contacts » souvent anonymes et plus ou moins bienveillants comporte des risques pour une personne très sensible. À moins de trouver des groupes chaleureux et respectueux, les débats entre utilisateurs anonymes sont souvent stériles et propices au stress et à l'anxiété.

De plus, la lumière bleue dégagée par les écrans des tablettes et des smartphones, qui sont toujours placés très près du visage, peut entraîner des insomnies, car elle se rapproche de la lumière du jour. D'ailleurs, après 2 heures passées à regarder Internet sur son smartphone, on a les yeux exorbités. Il est préférable d'éteindre ces appareils bien avant d'aller se coucher.

Concernant la vie privée, si vous utilisez votre téléphone le soir et le week-end afin de rester « joignable » par votre employeur, cela ne vous permet pas d'effectuer une vraie coupure avec votre vie professionnelle. Cela accentue d'autant plus votre sensation d'être sous pression, débordé et stressé en permanence. Cela accentue également la distance avec vos proches.

Comment vous sevrer ?

Peut-être est-ce le bon moment pour limiter l'utilisation de vos écrans afin de sortir de cette aliénation et de cet esclavage numérique, ne serait-ce qu'avant d'aller vous coucher, pendant la nuit, les repas, les jeux avec vos enfants et vos activités de détente. Par exemple, si vous vous lancez dans le yoga afin de vous recentrer et vous détendre, les bénéfices n'en seront que plus grands si vous n'avez pas votre portable à la main. Dans tous les cas, prendre de la distance avec ce que vous voyez sur les réseaux sociaux et apprendre à vous passer de votre smartphone quelques heures par jour a toujours du bon. C'est un peu de liberté retrouvée. Se détacher un peu d'Internet permet souvent d'y revenir de façon apaisée, moins compulsive, et d'en faire un usage plus intelligent. Si vous vous sentez déprimé ou anxieux, pourquoi ne pas utiliser les quelques minutes qui, auparavant, auraient été consacrées aux réseaux sociaux pour pratiquer un exercice de relaxation, de méditation en pleine conscience ou de respiration ?

FAVORISER L'ESTIME DE SOI

L'estime de soi est le sentiment de votre propre valeur, en tant qu'être humain. L'estime de soi a un profond impact sur le comportement. Si votre dépression est due, en partie, à la façon dont vous vous voyez, vous auriez tout à gagner en décidant de faire évoluer votre vision de vous-même et de vos actes. C'est le moment de vous reconnaître comme un être humain qui a de la valeur, et dont l'existence, les pensées et les sentiments ont de l'importance, c'est fondamental pour votre cheminement. Écoutez vos besoins et prenez soin de vous (par une bonne hygiène de vie, le bien-être, la culture, la psychologie ou encore le sport). L'idée est de vous accorder de l'importance et de vous persuader que vous méritez cette importance que vous vous accordez. Regagner en estime de soi pourra vous aider à sortir de la dépression.

Une psychothérapie pourra fort certainement vous aider à modifier cette mauvaise perception que vous avez de vous-même. Durant cette thérapie, vous serez amené à parler de votre passé et de ce qui vous pousse à vous mésestimer en permanence, quels que soient les joies de votre existence et les succès que vous rencontrez à présent.

Être vous-même, sans culpabilité, sans honte, ni peur, peut être libérateur. Peut-être est-ce le moment de réfléchir à la possibilité d'entreprendre les études dont vous avez toujours rêvé et qui correspondent à votre personnalité et à vos envies, de changer de profession, d'aller vivre à la campagne, de faire le voyage en sac à dos que vous avez toujours voulu faire ou de changer complètement de style vestimentaire afin de vous sentir vraiment en accord avec vous-même ?

Un petit point sur l'alcool et la drogue... Il est préférable de cesser d'en consommer, si tel est votre cas, dans le cadre de votre traitement. Comme tous les comportements autodestructeurs, ces addictions, n'ont jamais aidé quiconque à guérir de la dépression, bien au contraire. Ces substances, si elles vous rendent euphoriques sur le moment et si elles vous permettent d'oublier vos préoccupations, augmentent le risque de dépression, les comportements inadaptés et les risques suicidaires. Vous pouvez demander de l'aide à un médecin, à un addictologue, à un psychiatre ou vous adresser à un groupe de soutien, tel que les Alcooliques anonymes.

RETROUVEZ DE BONNES VIBRATIONS

Vous vous êtes peu à peu enfoncé dans la dépression ou vous traversez une phase de déprime. Toutefois, je suis persuadée que vous avez forcément connu des jours meilleurs dans votre vie, lors desquels vous ressentiez de bonnes vibrations. Souvenez-vous de ces jours où vous étiez plein d'énergie positive et où le monde vous semblait plein de découvertes et de promesses. Comment sentir à nouveau la sève de la vie couler dans vos veines ?

Vous avez certainement enregistré des images mentales de ces jours dorés, comprenant des sons, des odeurs, des textures et des goûts. Essayez de retrouver vos sensations oubliées, et l'état d'esprit qui vous animaient à ces moments-là, en activant ces images mentales par le biais des cinq sens, la littérature, ou la musique. Écouter de la musique, relire un roman, retourner dans un lieu qui vous donnait de l'énergie, déguster un plat, respirer un parfum, revoir un film ou une série. Des choses très simples peuvent devenir très inspirantes, énergisantes et encourageantes, du moment qu'elles vous redonnent de l'espoir, de l'énergie, et que vous les appréhendez sans mélancolie. La sophrologie peut vous aider à vous projeter intérieurement des images de bien-être. Si vous avez un jour ressenti de bonnes vibrations, si vous avez été cette personne positive qui apprécie les choses de la vie, vous parviendrez sans nul doute à retrouver un peu d'énergie, d'espoir et de sérénité et à faire ressurgir peu à peu l'envie de vivre.

“ *Prenons la situation de Véronique, 40 ans, qui a perdu son père il y a 10 ans.*

Son deuil a été très difficile, car elle était très proche de son père. Pendant plusieurs semaines, elle a été incapable de sortir de chez elle pour aller au travail, jusqu'au moment où son médecin lui a prescrit un traitement afin qu'elle puisse se relever et faire face à ses obligations professionnelles. Puis, lorsqu'elle s'est sentie un peu mieux, elle s'est raccrochée chaque jour à quelque chose qui peut sembler dérisoire, mais qui lui a presque sauvé la vie à l'époque : chaque jour en rentrant du travail, elle regardait un épisode d'une série dont elle était fan autrefois et dont les personnages étaient comme des gens de sa famille. C'est la perspective de rentrer chez elle et de se réfugier devant sa série qui lui donnait du courage pour affronter sa journée. »

Si vous êtes déprimé, vous voyez probablement tout en gris. Il vous faut mettre du beau dans votre quotidien afin que vos yeux se posent sur de jolies choses. Un bouquet de fleurs, une table joliment dressée, un plat appétissant, une manucure toute fraîche, une barbe bien taillée, une nouvelle coupe de cheveux, un beau-livre posé sur la table du salon ou de nouveaux coussins sur le canapé auront le meilleur effet sur votre moral. Ce sont des petits détails qui peuvent rendre le quotidien plus pimpant et plus gai.

Chapitre 5

Stabiliser votre état et prévenir les rechutes

Vous avez été touché par la dépression et vous vous êtes battu(e) comme un lion (ou une lionne) pour en sortir ? C'est admirable. Malheureusement, vous avez plus de risque qu'une personne qui n'a jamais vécu de dépression de subir un nouvel épisode dépressif... Il existe deux cas de figure : la rechute et la récidive.

Une rechute est la réapparition des symptômes dépressifs dans les 4 à 6 mois suivant une rémission partielle. En d'autres termes, votre dépression est récente, vous n'êtes pas totalement guéri et vos symptômes réapparaissent.

Une récidive est la réapparition de la maladie, quelques mois ou quelques années après une guérison totale.

Compte tenu des risques importants de rechute ou de récidive, il me paraît très important que vous sachiez les prévenir... Vous pouvez très bien échapper à une rechute ou à une récidive, en suivant les quelques recommandations suivantes.

LES RECHUTES DÉPRESSIVES

Les facteurs de rechute

Une rechute est un retour des symptômes après une période d'accalmie de quelques semaines. Cela laisse entendre que vous étiez en rémission partielle mais que vous n'étiez pas totalement guéri. Malheureusement, les femmes semblent être plus vulnérables aux rechutes dépressives, tout comme les personnes vivant seules. Toutefois, les hommes ne sont pas non plus totalement à l'abri d'une rechute.

Comment éviter la rechute et optimiser votre guérison complète ?

- **Si vous ne suivez aucun traitement,** si vous ne faites absolument rien pour guérir de votre dépression et si celle-ci n'a même pas été diagnostiquée, il est normal que vous ne parveniez pas à vous en débarrasser et qu'elle soit devenue chronique... Je vous encourage à consulter un médecin, à suivre ses recommandations, ainsi que toutes les recommandations décrites précédemment dans cet ouvrage.
- **Si vous suivez un traitement,** prenez vos antidépresseurs chaque jour et évitez de consommer de l'alcool en parallèle. De plus, les études montrent qu'allier antidépresseurs et psychothérapie est un bon moyen d'éviter les rechutes et les récidives. Même si vous avez décidé de ne pas suivre de psychothérapie, profitez du mieux-être physique et psychique apporté par les médicaments pour essayer de vous pencher sur vos problèmes, anciens et récents. C'est important pour votre guérison.

Même si vous avez l'impression d'aller mieux et si vos symptômes semblent avoir disparu, n'interrompez surtout pas votre traitement, ce serait une très mauvaise idée ! Ce serait le meilleur moyen de voir vos symptômes réapparaître avec force quelques jours plus tard. C'est ce que l'on appelle « l'effet rebond ». Vous devez poursuivre votre traitement aux antidépresseurs durant plusieurs mois afin de rééquilibrer votre organisme en profondeur. Lorsque votre médecin estimera que vous êtes en mesure de vous passer de ces médicaments, vous conviendrez ensemble de diminuer les doses petit à petit.

Si un autre médecin vous propose un nouveau traitement sans avoir laissé le temps à votre traitement initial d'agir correctement, cela risque de déséquilibrer davantage votre organisme. Faites attention aux changements de traitement trop hâtifs. Parlez-en avec votre médecin.

Les aléas de la vie sont nombreux et personne ne peut contrôler complètement son environnement. Si vous devez faire face à un nouveau facteur de stress ou si vous connaissez de nouvelles difficultés (comme des contrariétés, le chômage ou des problèmes de logement), il faut en tenir compte dans votre prise en charge. Parlez-en avec votre médecin et avec votre psychologue.

S'il ne s'agit pas de votre première dépression, sachez que nombre de dépressions antérieures augmente le risque et la fréquence des rechutes dépressives. La dépression se chronicise facilement et peut devenir un mode de vie dont il faut vraiment chercher à sortir...

Si vous souffrez d'une autre maladie organique, cela peut vous rendre plus fragile. Par exemple, des problèmes de thyroïde peuvent occasionner des troubles dépressifs qui altèrent votre qualité de vie.

La dépression chronique

Comme je l'ai dit plus haut, l'absence de traitement ou de prise en charge adaptée peut vous amener à traîner votre dépression durant des années, alternant épisodes dépressifs aigus et périodes où vous vous déclarez « simplement » dépressif. Vous semblez alors vous être enfermé dans un mode de pensée et dans une façon de voir la vie filtrés par des pensées négatives. Or, il n'y a que vous qui puissiez décider un jour de dire « stop » à la dépression... Reconnaître votre mal-être et décider de vous prendre en charge sont les clés de votre mieux-être. Même si le chemin de la guérison est long et parfois douloureux et s'il demande un investissement personnel, il demeure moins coûteux qu'une vie entière vouée à la dépression. Il n'est jamais trop tard pour décider de vivre autrement et pour vous atteler à chasser la dépression de votre vie.

Le trouble bipolaire

Après avoir connu une dépression et une période de rémission, certaines personnes peuvent développer un trouble bipolaire, autrefois appelé « psychose maniaco-dépressive ». Ce trouble est caractérisé par l'alternance de périodes de dépression et de périodes dites « maniaques », durant lesquelles les personnes atteintes se sentent particulièrement et anormalement euphoriques, créatives, extrêmement actives, voire hyperactives et agitées, volubiles et entreprenantes. La phase maniaque peut se solder par des « incidents », lors desquels elles se montrent agressives, se mettent en danger, adoptent un comportement extrême et inadapté, commettent des dépenses inconsidérées ou tiennent des propos incohérents. Cette phase maniaque ne se termine donc pas toujours très bien et mène immanquablement à l'épuisement et à un nouvel épisode dépressif. Cette pathologie, qui peut être plus ou moins intense, a très probablement une origine cérébrale, mais elle peut également trouver sa source dans les évènements de la vie et être favorisée par la façon dont la personne appréhende le stress. Le trouble bipolaire nécessite un suivi médical très strict. Il peut se traiter par un médicament à base de lithium. L'état des personnes touchées par un trouble bipolaire peut également s'améliorer grâce à leur mode de vie et à tout ce qu'elles entreprennent afin de favoriser leur équilibre.

LA DÉPRESSION RÉCIDIVANTE

Si vous ne présentez plus aucun symptôme de dépression depuis 2 à 6 mois, cela signifie que votre rémission est complète. Malheureusement, vous avez plus de risque de subir une nouvelle dépression qu'une personne qui n'en a jamais eue... En effet, le risque de récidive est très important, à moyen et à long terme : dans les 5 ans suivant une dépression et sa guérison, une autre dépression survient dans 50 à 80 % des cas. C'est beaucoup ! Cependant, rien n'est garanti et vous pouvez très bien ne plus jamais subir de nouvel épisode dépressif. Vous avez donc tout intérêt à faire très attention à vous et à tout faire pour diminuer les risques de récidive.

Comment vous préserver ?

Tout d'abord, dès que vous allez mieux, vous préserver et prévenir le retour des symptômes doit devenir votre objectif. Vous devez y employer toute votre énergie. Si vous êtes déjà sujet aux dépressions récurrentes (les dépressions s'enchaînent malgré la rémission complète entre chaque dépression) ou à la dépression chronique (une dépression qui se poursuit durant plusieurs années), il est évidemment nécessaire de vous préserver et de prévenir les rechutes lors des périodes d'accalmie. Si vous parvenez à installer durablement un état de sérénité et à espacer les périodes de dépression, c'est déjà un succès !

Le bilan post-dépression

Il est important de faire le point et de vous demander ce que vous avez appris sur vous-même au travers de cette douloureuse expérience qu'est la dépression. Connaître vos forces, c'est bien, mais connaître vos fragilités est une force dans votre combat contre la déprime et la dépression ! Pour vous préserver, il vous faut identifier les facteurs de votre bonne humeur et repérer vos faiblesses, afin de vous tenir aussi loin que possible de ce qui peut vous faire basculer du côté obscur de la force. Cela consiste à vous tenir éloigné, autant que possible, des sources de stress inutile, jusqu'à ce que vous vous sentiez vraiment solide. Si vous avez suivi une thérapie ou si vous avez fait votre introspection, vous avez dû comprendre le mécanisme qui vous a précipité dans la dépression.

Le programme anti-morosité

Une dépression peut vous rendre plus fort, mais cela peut également vous rendre plus fragile... Aussi, si vous voulez prévenir une éventuelle récidive, il est indispensable de vous créer une bulle de bien-être et de sérénité ! En quoi cela consiste-t-il ?

- Une de vos priorités est de conserver une bonne qualité de sommeil.
- Si vous adoptez une alimentation équilibrée et enrichie en éléments bons pour le moral, cela aide votre organisme à bien fonctionner (voir Les bienfaits de l'alimentation, p. 136).
- Il est indispensable de vous exposer quotidiennement à la lumière du jour.
- Veillez particulièrement à intégrer dans votre routine quotidienne la pratique d'activités qui vous plaisent et qui vous épanouissent : c'est une source de plaisir et de satisfaction qui n'a pas son pareil pour susciter du bien-être et pour tenir la dépression à distance.
- La pratique d'un sport est un bon moyen d'exprimer vos émotions et d'évacuer votre énergie négative. Cela favorise votre bonne humeur. Le sport est votre indéfectible allié dans le maintien de votre équilibre.
- Savoir lâcher-prise est une vertu dans la lutte contre le retour de la dépression. Vous avez le pouvoir de décider de lâcher prise sur des éléments qui ne vous semblent pas vitaux ou sur des évènements qui datent d'une vingtaine d'années. Ce que vous avez vécu vous a forgé et vous a probablement marqué à vie et transformé. Pourtant, vous disposez également d'un libre-arbitre qui vous permet de dire « stop », d'accorder moins d'importance à certaines choses et d'essayer d'en accepter d'autres, afin de continuer le cours de votre vie, plus sereinement...
- Prenez du recul mental avec votre univers professionnel et réinvestissez d'autres domaines de votre vie afin de diversifier vos sources d'épanouissement et de limiter les risques de burn-out. Cela ne vous empêche en rien d'être sérieux et professionnel dans votre travail, et de vous y épanouir.
- Essayez de cultiver votre bonne humeur et votre humour au quotidien. Vous tirerez le plus grand bénéfice de cette

philosophie de vie qui permet d'appréhender certains évènements avec plus de légèreté, mais également de prendre du recul.

- Verbalisez régulièrement vos contrariétés, ainsi que vos émotions positives, auprès d'une personne de confiance. C'est forcément plus constructif que de tout garder pour vous et de finir par imploser. Si vous craignez d'ennuyer vos proches, vous avez la possibilité de vous joindre à un groupe de soutien afin de discuter de vos soucis. Vous pouvez également consulter votre psychologue de temps à autre, lorsque vous en ressentez le besoin.
- Essayez de vous protéger des agressions extérieures lorsque vous vous sentez fragile. Pour cela, vous avez tout à fait le droit de vous mettre en retrait lorsque vous sentez qu'une situation risque de mettre en péril votre équilibre et votre bonne humeur.

LA GESTION DU STRESS

Le stress est une réaction naturelle de l'organisme face à une situation nouvelle à laquelle vous devez vous adapter. **L'anxiété** est plutôt une forme de peur sourde face à un évènement qui vous effraie ou qui vous a effrayé. Elle peut survenir à la suite d'un choc ou d'une période de stress prolongé. Le stress et l'anxiété en excès entraînent parfois un « effet rebond », qui prend la forme d'une dépression ou d'un burn-out. Comment ? Lors de votre période de stress et d'anxiété, votre organisme est en phase de « surexcitation », d'hyper-réactivité et d'hypervigilance. Après quelque temps, vous vous sentez épuisé nerveusement et une dépression, ou un burn-out, peut alors survenir. Votre organisme décompense, comme s'il avait été beaucoup trop sollicité et stimulé. Il est à cours de ressources pour faire face au stress, à l'anxiété et à la vie quotidienne, et vous vous effondrez.

Comment éviter ces fâcheux inconvénients ?

Il est absolument indispensable d'apprendre à gérer votre stress :
- Cela contribuera à limiter votre anxiété.
- Vous gagnerez en sérénité au quotidien.
- Cela vous aidera à éviter de subir une nouvelle dépression.

Faire face au stress n'est pas « naturel » pour tout le monde, surtout si, depuis votre enfance, vous avez pris l'habitude de réagir très fortement à tout. Mais il n'est jamais trop tard pour apprendre à appréhender votre stress avec flegme. Là encore, une thérapie cognitivo-comportementale peut vous aider à identifier et à modifier vos schémas de pensées, ainsi que les comportements qui portent préjudice à votre équilibre. Mais vous pouvez également faire votre propre introspection.

Le stress et l'anxiété peuvent être des moteurs

Le stress et l'anxiété sont positifs, à condition de ne pas dépasser un certain seuil. Si vous sortez d'une dépression, vous savez ce qui provoque du stress et de l'anxiété chez vous. À présent, vous connaissez vos limites et vous savez ce que vous êtes capable de supporter ou non. Apprendre à gérer votre stress par vous-même évite de consommer des anxiolytiques, des stupéfiants ou de l'alcool, qui assomment et qui mènent souvent à l'accoutumance.

Comment faire, lorsqu'au quotidien, sur votre lieu de travail, à l'école, en famille ou pendant vos révisions, vous sentez le stress vous envahir et votre taux de cortisol augmenter ?

N'hésitez pas à **pratiquer la respiration abdominale** pour vous détendre et vous apaiser. C'est un outil précieux qui présente l'avantage de pouvoir se pratiquer en toute discrétion. Pour cela, inspirez par le nez en gonflant le ventre comme un ballon, puis expirez en dégonflant et en rentrant le ventre. Répétez plusieurs fois cet exercice. Vous sentirez l'air circuler et alimenter votre corps.

Faites une pause et mettez ce temps à profit dans une tâche active, qui fera diversion et qui stoppera la montée du stress : appeler un ou une ami(e), aller à la machine à café avec un collègue sympa, effectuer un exercice de gym, regarder un épisode de votre série préférée, etc.

Sortez faire quelques pas à l'extérieur ou, à défaut, ouvrez une fenêtre et prenez l'air. Cela vous évitera probablement de « réagir à chaud » et vous donnera l'occasion de prendre un peu de recul afin d'envisager une solution à votre problème.

Verbalisez vos contrariétés et vos blocages, ils auront probablement moins de poids. De plus, si vous adoptez une autre perspective de la situation qui vous inquiète, votre anxiété s'en trouvera forcément atténuée.

“ ***Prenons l'exemple de Léanne, 35 ans, qui a fait une dépression à la suite d'une rupture sentimentale.***

Elle s'est sentie très mal pendant 10 mois. Elle a suivi un traitement médicamenteux et une psychothérapie. Depuis, elle va beaucoup mieux, mais elle reste sensible. Elle sait qu'elle doit faire attention à elle, au stress et à son hygiène de vie. À présent, elle est beaucoup plus à l'écoute de ses besoins. Aussi, quand une situation lui est pénible, elle fait en sorte de l'éviter. Cette expérience lui a appris à gérer ses priorités. »

Tenir un journal des émotions

Les émotions sont humaines et naturelles. Les émotions négatives sont aussi nécessaires que les émotions positives, car elles font office d'alerte. Mais il est toutefois préférable de les limiter...

Pendant quelque temps, je vous invite à tenir à nouveau votre journal des émotions, dans lequel vous relèverez les émotions que vous ressentez (joie, tristesse, irritation, doute, peur, culpabilité, sentiment d'être dépassé par les évènements ou sensation de stress...), ainsi que les circonstances, les causes, ce que cela provoque chez vous et la façon dont vous gérez ces émotions.

Lorsque vous couchez vos émotions sur le papier (ou sur une tablette), vous prenez du recul sur vos émotions négatives, vous savourez à nouveau vos émotions positives et vous êtes à l'écoute de votre cœur, en pleine conscience. Comme vous décrivez précisément vos émotions, cela vous permet, au fil du temps, de mieux comprendre comment elles surviennent en fonction du contexte et de mieux appréhender ce qu'il se produit en vous. Cela vous aidera à mieux connaître vos limites, ce qui est indispensable si vous souhaitez mieux gérer votre stress et ne plus vous laisser submerger par un flot d'émotions négatives.

L'important est d'apprendre à positiver, à apprécier les jolies choses du quotidien lorsqu'elles se présentent et à ne jamais perdre une occasion de sourire et de rire, afin de ressentir plus de bien-être et de bonheur. C'est un état d'esprit à adopter au quotidien !

CONNAÎTRE VOS FRAGILITÉS

Connaître vos fragilités est une force dans la lutte contre les rechutes dépressives et les récidives. Par exemple, si vous savez, que le manque d'activité physique est chez vous synonyme d'idées noires et d'insomnies, votre objectif est de pratiquer régulièrement un minimum de sport, toute l'année. Si vous savez d'expérience que vous avez besoin d'un moment de solitude chaque jour afin de vous détendre et de vous recentrer, l'important pour vous est de trouver ce moment pour vous isoler. Si vous êtes très sensible et si vous prenez les choses très à cœur, essayez de prendre du recul systématiquement et parlez-en à une personne de confiance qui vous écoute, sans jugement ni agressivité. Il est toujours préférable de confier vos gros soucis à une personne bienveillante plutôt que de vous murer dans le silence et de ruminer des idées noires.

VOUS PRÉPARER AUX CHANGEMENTS

Si votre dépression est survenue à la suite d'un grand changement, peut-être n'avez-vous pas pu vous adapter à une nouvelle situation (un licenciement, une rupture, une mise au placard, un problème de santé, etc.) ? Ou peut-être avez-vous eu l'impression de subir les évènements et de perdre le contrôle ? Votre dépression est alors survenue comme un mécanisme de défense, afin d'échapper à la réalité et de signifier au monde que vous étiez en détresse. Comment prévenir ce phénomène à l'avenir ?

Un changement provoque toujours du stress

Mais plus on refuse de s'adapter à une nouvelle situation et plus on résiste au changement, plus on se crispe et plus cela génère du stress, de l'anxiété et des ruminations susceptibles de se transformer en dépression. Si vous augmentez votre capacité d'adaptation aux évènements inattendus et aux changements, vous serez moins sensible à la survenue d'une nouvelle dépression. Si vous êtes plus flexible et si vous acceptez de lâcher prise par moments, paradoxalement, vous gardez le contrôle. Du moment que c'est vous qui prenez la décision de lâcher prise. Savoir lâcher prise en fonction des circonstances et décider de vous adapter à une situation nouvelle ne sont pas des marques de faiblesse, bien au contraire !

Si vous vous préparez à ce changement, cela vous permet de ne pas être pris au dépourvu et d'entamer votre démarche d'acceptation. Il vous est alors plus facile de trouver des ressources pour rebondir, et cela vous aide à limiter l'impact psychologique que cet évènement pourrait avoir sur vous.

Comment vous préparer aux changements ?

Si vous êtes très préoccupé et anxieux, il est bon de chercher à faire diminuer votre stress. Exprimez-vous. Si vous reconnaissez auprès de vos proches que vous avez peur d'un évènement qui va se produire et que vous êtes anxieux, ce n'est pas une marque de faiblesse. Cela fait de vous une personne réaliste. Si vous reconnaissez vos sentiments, vous évitez de les refouler et de somatiser (somatiser signifie exprimer physiquement ses inquiétudes sous la forme de migraines, d'eczéma, de psoriasis ou de troubles divers et variés). Et surtout, vos proches pourront peut-être vous rassurer et vous réconforter.

Informez-vous au sujet de l'évènement qui vous inquiète et des imprévus qui pourraient survenir. Pourquoi ne pas vous documenter afin de pouvoir être plus objectif ? Pourquoi ne pas en discuter avec des personnes qui ont déjà vécu une expérience similaire ? Vous serez ainsi quelqu'un d'avisé. Vous aurez toutes les informations, ce qui vous aidera à vous positionner et à faire diminuer votre appréhension.

“ ***Prenons l'exemple de Jonas, 26 ans, qui a vécu un burn-out alors qu'il occupait son premier job en tant que community manager dans une agence de communication.***

Anxieux de nature, il prenait tout très à cœur et avait du mal à s'adapter aux changements de planning, d'horaires et de responsables. Pendant sa psychothérapie, il s'est rendu compte qu'il s'était tout simplement trompé de secteur d'activité et que travailler dans une start-up n'était pas du tout fait pour lui. Il avait besoin d'un travail plus routinier. Pourtant, avec le recul, il admet que cette expérience lui a appris à être plus tolérant au changement et moins rigide, car le monde de l'entreprise est en perpétuel mouvement. ”

COMMENT GÉRER UNE RÉCIDIVE OU UNE RECHUTE ?

Si malgré tous vos efforts pour guérir définitivement, vous sentez poindre à nouveau les premiers signes d'une dépression, il existe différents cas de figure :

- Soit vous n'êtes pas parvenu à mettre totalement fin à la dépression que vous traversiez. Après une période d'accalmie, les symptômes ont fait leur retour et se sont intensifiés. Vous faites une rechute.
- Soit il s'agit d'une nouvelle dépression dont les circonstances et les causes n'ont rien à voir avec la dépression que vous avez déjà subie. Vous faites une récidive.
- Soit vos difficultés sont ponctuelles et il s'agit juste d'une période de déprime, que tout un chacun peut traverser.

Rechute dépressive, dépression récidivante ou déprime, il est préférable d'être très attentif aux signes et aux alertes que votre corps vous envoie. Ces premiers signes vous indiquent qu'il est temps d'agir concrètement, avant que la dépression n'envahisse totalement votre vie.

Si vous savez reconnaître les premiers signes de la déprime ou de la dépression, c'est déjà une bonne chose. Par exemple, durant plusieurs jours, vous vous sentez fragile, vous vous mettez à pleurer très facilement, votre sensibilité est particulièrement exacerbée et vous ressentez une détresse émotionnelle importante ainsi qu'une sourde envie de vous terrer à la maison, dans ce cas, n'hésitez pas à prendre du repos et à vous interroger sur les raisons de vos émotions. Une fois que vous reconnaissez vos propres signes de dépression, il est plus facile pour vous d'intervenir rapidement et de prendre immédiatement de la distance avec ce qui vous contrarie. Consultez votre médecin, et remettez en place votre programme anti-dépression.

LA MÉDITATION DE PLEINE CONSCIENCE COMME TRAITEMENT DE LA DÉPRESSION RÉCIDIVANTE

Des études encourageantes

La méditation de pleine conscience est devenue très à la mode ces dernières années. L'objet de la méditation de pleine conscience est d'apaiser, de rééquilibrer le corps et l'esprit, de se concentrer sur le présent, de prendre du recul sur les évènements stressants et d'apporter du bien-être. D'ailleurs, selon une étude publiée dans la revue médicale britannique *The Lancet*, en avril 2015, la méditation de pleine conscience serait une sérieuse alternative au traitement par antidépresseurs pour les patients dépressifs ayant déjà récidivé au moins trois fois. Dans cette étude, les séances de méditation ont remplacé progressivement les antidépresseurs chez un groupe de patients souffrant de dépressions récurrentes. Par la suite, le taux de récidive des patients ayant abandonné les antidépresseurs pour la méditation s'est avéré similaire à celui des patients ayant poursuivi le traitement.

La méditation de pleine conscience est une possibilité supplémentaire de traitement pour les personnes souffrant de dépressions récidivantes.

Comment pratiquer la méditation ?

Voici quelques exercices de méditation de pleine conscience très simples à réaliser pour les débutants :

- Pratiquez un exercice de respiration abdominale en vous concentrant pleinement : inspirez par le nez en gonflant le ventre. Puis expirez par la bouche en dégonflant votre ventre complètement. Concentrez-vous sur l'air qui entre et sort de votre bouche, sur vos sensations et sur votre ventre qui se gonfle et se dégonfle. Vous êtes pleinement dans l'instant présent.
- Effectuez une marche méditative lors d'une pause-café au bureau. Par exemple, marchez tranquillement en prenant conscience de votre pied qui se pose sur le sol, du talon, puis de la pointe, et ainsi de suite.

- Lorsque vous êtes dans un lieu un peu plus tranquille, vous pouvez vous étendre sur le sol et vous concentrer sur chacun de vos membres : le bras droit, le bras gauche, la tête, la jambe droite, etc.
- Toute tâche dans laquelle vous vous plongez sans stress, sans vous poser trop de questions et en vous concentrant pleinement sur ce que vous êtes en train de faire, peut devenir une forme de méditation de pleine conscience. Par exemple, éplucher et découper des légumes, désherber ou tricoter sont des tâches qui possèdent des vertus anti-stress, car elles vous déconnectent de vos soucis. Elles requièrent de la concentration , elles vous absorbent et sont plaisantes.

Vous lancer dans la méditation de pleine conscience, c'est décider très régulièrement de porter votre attention sur ce que vous vivez au quotidien, avec bienveillance, sans stress ni appréhension. La pratique méditative demande un peu d'entraînement de votre part, mais les bienfaits sont remarquables lorsque vous n'avez pas le moral ou lorsque vous êtes anxieux. Vous pouvez également vous joindre à des groupes de méditation.

LA PLACE DES MÉDICAMENTS

Si vous prenez des antidépresseurs, n'interrompez surtout pas brusquement votre traitement parce que vous vous sentez mieux ! Rappelons qu'un traitement à base d'antidépresseurs dure 6 mois au minimum pour une première dépression, et une année pour une deuxième dépression. En effet, votre organisme, considérablement déséquilibré par la dépression, a besoin d'un certain temps pour revenir à son fonctionnement habituel. L'interruption brutale de votre traitement sans avis médical et sans période de sevrage est le meilleur moyen pour vous de rechuter quelques jours plus tard. Il vaut mieux consulter votre médecin traitant et convenir avec lui d'un programme de sevrage de vos médicaments.

Les anxiolytiques, eux, ne doivent être consommés pas plus de quelques jours, ou en cas d'urgence, afin de vous aider à gérer l'anxiété et les crises d'angoisse.

Si vous constatez que vous êtes sujet aux dépressions récurrentes et que vous avez beaucoup de mal à lutter, votre médecin peut vous prescrire un traitement « de fond », à base de carbonate de lithium, de carbamazépine, de valpromide ou d'acide valproïque. Certains patients sujets aux dépressions récidivantes décident d'opter pour ces régulateurs de l'humeur, qui peuvent être prescrits dès la première dépression récidivante. Cette décision n'est pas sans contraintes, puisque vous devrez prendre ces médicaments quotidiennement, toute votre vie, et réaliser des prises de sang régulières afin de mesurer le taux de médicament circulant dans votre sang. De plus, comme tous les médicaments, ils comportent des effets secondaires.

Aussi, il convient de bien réfléchir à toutes les solutions alternatives qui s'offrent à vous avant de vous lancer dans un tel traitement. L'auto-assistance, l'introspection, la psychothérapie et la méditation de pleine conscience vous aideront considérablement à diminuer le risque de rechutes et de récidives. En prenant conscience de vos faiblesses, de vos fragilités mais surtout de vos forces, vous pouvez vous renforcer.

CONCLUSION

Je vous conseille de consulter votre médecin traitant si vous ressentez les symptômes caractéristiques de la dépression. Si vous avez des pensées morbides et des idées suicidaires, il est impératif que vous demandiez de l'aide, sans attendre. Nous avons vu que des traitements existent pour traiter la dépression.

LA DÉPRESSION EST UN PASSAGE

Les premiers signes de la dépression sont des signaux d'alarme qui vous informent que vous avez atteint les limites de ce que vous pouvez supporter et qu'il va falloir envisager un changement… Quand la dépression est une réponse à un gros stress, elle indique certainement que des problèmes doivent être réglés et que certaines choses doivent évoluer. Parfois, la dépression a pour fonction d'obliger à se poser, à se reposer, à lâcher prise et à prendre le temps de reconsidérer ses croyances et ses certitudes ? Alors, elle peut être envisagée comme une période de « mue » permettant de passer d'un état d'esprit à un autre. Le moment est peut-être venu pour vous d'envisager un changement d'état d'esprit, de vos habitudes, de votre mode de vie, ou de votre façon de percevoir les évènements.

La dépression pourrait ainsi constituer un moment de réadaptation et de remise en question, qui laisserait place à une nouvelle philosophie de vie et à une nouvelle connaissance de soi-même. Vous vous en seriez volontiers passé, me direz-vous, car la dépression est un état douloureux et difficile. C'est un bouleversement des émotions et des sentiments qui provoque une souffrance psychique importante. C'est parfois même une descente aux enfers qui peut avoir des conséquences tragiques. Mais, pour peu que vous cherchiez à la comprendre et à en sortir, la dépression pourrait avoir une fonction de passage à un nouveau cycle de votre vie.

VOUS IMPLIQUER DANS VOTRE TRAITEMENT

La dépression est souvent vécue comme une honte sociale et une marque de faiblesse. Il est pourtant nécessaire que vous consultiez votre médecin afin d'identifier votre état et de poser un diagnostic, afin d'être orienté vers un traitement personnalisé efficace. Même si votre dépression perdure depuis des années, vous pouvez un jour prendre la décision d'agir. Votre traitement peut prendre la forme d'une prise d'antidépresseurs associée à une psychothérapie, d'une psychothérapie seule, de rencontres régulières avec votre médecin, d'une réflexion personnelle autour de vos difficultés et de leurs sources, ou de la pratique de certaines activités.

Si vous vous investissez dans votre traitement, c' est certainement le meilleur moyen de sortir de la dépression et d'éviter rechutes et récidives. Au prix d'efforts quotidiens, vous pouvez contribuer vous-même à sortir de votre état de dépression et agir sur vos pensées négatives. N'oubliez pas que toutes les petites actions

BIBLIOGRAPHIE

OUVRAGES

Abou-Saleh M. T. et Coppen A., « *Folic acid and the treatment of depression* », *J. Psychosom. Res.*, 61 :285-7, 2006.

Barnay T. et Defebvre E., « Troubles mentaux : quelles conséquences sur le maintien dans l'emploi ? », *Études et Résultats*, n° 885, Drees, juillet 2014.

Blackburn I. M., *Coping with depression*, Chambers, Edimbourg, 1987.

Beck A. T., Depression : *Causes and Treatment*, University of Pennsylvania Press, Philadelphie, 1972.

Beck A. T., Ward C. H., Mendelson M., Mock J. et Erbaugh J., *An inventory for measuring depression*, vol. 4, pp. 561–71, 1961.

Beck A. T., Epstein N. et Harrison R., « *Cognitions attitudes and personality dimensions in depression* », *British Journal of Cognitive Therapy*, 1 : 1-11, 1983.

Cannon W. B., « *The James-Lange theory of emotion : A critical examination and an alternative theory* », *American Journal of Psychology* , 39, pp. 10-124, Champaign, 1927.

Colzato, L.S., Jongkees, B.J. , Sellaro, R., van den Wildenberg, W.P.M., Hommel, B. (2013). *Eating to stop: Tyrosine supplementation enhances inhibitory control but not response execution.* Neuropsychologia.

Conner T. S., Richardson A. C. et Miller J. C., « *Optimal Serum Selenium Concentrations Are Associated with Lower Depressive Symptoms and Negative Mood among Young Adults* », *Journal of Nutrition,* première publication en ligne le 5 novembre 2014.

Coppen A. et Bolander-Gouaille C., « *Treatment of depression : time to consider folic acid and vitamin B12* », *Journal of Psychopharmacology,* vol. 19, n° 1, pp. 59-65, Oxford, janvier 2005.

Cottraux J., « Évaluation des cognitions dépressives », *Psychologie médicale,* 20(12) : 1845-1848, 1988.

Cottraux J., *Les psychothérapies comportementales et cognitives,* Elsevier Masson, 2011 (5e édition).

Cottraux J., *La répétition des scénarios de vie,* Odile Jacob, Paris, 1998.

Couroussé T. et coll., « *Brain organic cation transporter 2 controls response and vulnerability to stress and GSK3 signaling* », *Mol Psychiatry,* édition en ligne du 5 août 2014.

Cyrulnik B. et Jorland G., *Résilience connaissances de base,* Odile Jacob, 2012.

Cyrulnik B. et Seron C., *La Résilience ou comment renaître de sa souffrance ?*, Éditions Fabert, 2009.

Ferreri F. et Grison F., *Le Régime antidéprime*, Odile Jacob, 2014.

Ferreri F., *La dépression : 100 questions pour comprendre et guérir*, Odile Jacob, 2012.

García-Miss Mdel R., Pérez-Mutul J., López-Canul B. et al., « *Folate, homocysteine, interleukin-6, and tumor necrosis factor alfa levels, but not the methylenetetrahydrofolate reductase C677T polymorphism, are risk factors for schizophrenia* », *J. Psychiatr. Res.*, vol. 44, n° 7, pp. 441-446, mai 2010.

Gaweesh S., Ewies A. A., « *Folic acid supplementation cures hot flushes in postmenopausal women* », *Med. Hypotheses*, vol. 74, n° 2, pp. 286-288, février 2010.

Greenwood B. *et al.*, « *Long term voluntary wheel running is rewarding and produces plasticity in the mesolimbic reward pathway* », *Behav. Brain Research*, vol. 127(2), pp. 354-362, 2011.

Ilardi S., *The Depression Cure : The 6-Step Program to Beat Depression Without Drugs*, Da Capo Lifelong Books, 2010.

Ingram R. E., Miranda J. et Segal Z., *Cognitive vulnerability to depression*, Guilford Press, New York, 1998.

Kanazawa K. et Sakakibara H., « *High content of dopamine, a strong antioxidant, in 'Cavendish' bananaIn* », *Journal of Agricultural and Food Chemistry* (E. U.), 48 (3), pp. 844-848, 2000.

Kerhervé H., Gay M.-C. et Vrignaud P., « Santé psychique et fardeau des aidants familiaux de personnes atteintes de la maladie d'Alzheimer ou de troubles apparentés », *Annales médico-psychologiques*, Elsevier , 2008

Kirsch I., « *Antidepressants and the placebo response* », *Epidemiologia e Psichiatria Sociale*, vol. 18, pp. 318-322, 2009.

Kraut R. et al., « Internet paradox : a social technology that reduces social involvment and psychological wellbeing ? », American psychologist, vol. 53, pp. 1017-1031, 1998.

Kuyken, W. et coll., « *Effectiveness and cost-effectiveness of mindfulness-based cognitive therapy compared with maintenance antidepressant treatment in the prevention of depressive relapse or recurrence (PREVENT) : a randomised controlled trial* », *The Lancet*, 20 avril 2015.

Loehr J. *et al.*, « *The power of full engagement : Managing energy, not time is the key to high performance and personal renewal* », *Free press*, 2003.

Manzano J., Righetti-Veltema M. et Conne Perreard E., « Le syndrome de dépression du pré-partum. Résultat d'une recherche sur les signes précurseurs de la dépression du post-partum », *La psychiatrie de l'enfant*, vol. 40, n° 2, pp. 533-552, Département de psychiatrie de l'université de Genève, Service médico-pédagogique, Suisse, 1997.

McKenzie K., *Dépression*, Modus Vivendi, 2013-2014.

Mirabel-Sarron C., *La dépression, comment en sortir*, Odile Jacob, 2002.

Nechvatal J. et al., « Coping changes the brain », Frontiers in Behavioral Neuroscience, 2013.

Olie J. P. et Mouren M. C., « Rapport sur les antidépresseurs », *Académie Nationale de Médecine*, 2014.

Ryan T. *et al.*, « *Who use Facebook ? An investigation into the relationship between the "Big five", shyness, narcissism, loneliness and Facebook usage* », *Computers in Human Behavior*, vol. 27(5), pp. 1658-1664, septembre 2011.

Simon Gilbody, « *Is low folate a risk factor for depression ? A meta-analysis and exploration of heterogeneity* », *J. Epidemiol Community Health*, 61 : 631-7, 2007.

Stoll A. L. *et al.*, « *Omega-3 fatty acids in bipolar disorder : A preliminary double-blind, placebo-controlled trial* », *Archives of General Psychiatry*, 56 (5), pp. 407-412, 1999.

Vives J. M., « La catharsis, d'Aristote à Lacan en passant par Freud », *Recherches en psychanalyse*, n° 9, pp. 22-35, 2010.

Taylor M. J., Carney S. M., Goodwin G.M. et Geddes J. R., « *Folate for depressive disorders : systematic review and meta-analysis of randomized controlled trials* », *Journal of Psychopharmacology*, vol. 18, n° 2, pp. 251-256, Oxford, juin 2004.

Thase M. E., Simons A. D., Cahalane J. et Mc Geary J., « *Cognitive behaviour therapy of endogenous depression* », *Behaviour Therapy*, pp. 457-467, 1991.

Thomas P., Hazif-Thomas C., Lalloue F., Poch B., Pariel S., Ingrid R., Vieban F., Ploton L., Belmin J. et Clement J.-P., « Qualité de vie du malade dément à domicile et qualité de vie de l'aidant – L'étude Pixel », *La Revue francophone de gériatrie et de gérontologie*, vol. 12, n° 111, pp. 33-43, Éditions MF, Paris, 2005.

Williams J., « *What is an emotion ?* », *Mind*, vol. 9, n° 34, pp. 188-205, Oxford, 1884.

Young S. N et Ghadirian A. M., « *Folic acid and psychopathology* », *Prog Neuropsychopharmacol Biol Psychiatry*, 13 : 841-63, 1989.

SITES INTERNET

Site Internet de l'Anses : www.anses.fr/fr/content/consommation-de-poissons-et-exposition-au-méthylmercure.

Site Internet de l'Inserm (Institut national de la santé et de la recherche médicale).

Site Internet du Ministère des Affaires Sociales, de la Santé et des Droits des Femmes.

Site Internet de l'ANSM (Agence nationale de sécurité du médicament et des produits de santé).

Table Ciqual 2013 de l'Anses.

ANNEXE

L'Anses recommande de consommer du poisson deux fois par semaine, dont des poissons gras (saumon, maquereau, sardine, anchois, truite fumée, hareng...). Pour les femmes enceintes et allaitantes et les enfants de moins de 30 mois, l'Anses recommande d'éviter de consommer les poissons les plus contaminés à titre de précaution, et de limiter la consommation de poissons susceptibles d'être fortement contaminés à 150 g par semaine pour les femmes enceintes et allaitantes et à 60 g par semaine pour les enfants de moins de 30 mois.

TABLE DES MATIÈRES

Dépôt légal : août 2016
Imprimé en France par CPI Bussière
Numéro d'impression : 2023847